PESQUISA EM SERVIÇO SOCIAL:
utopia e realidade

EDITORA AFILIADA

Dados Internacionais de Catalogação na Publicação (CIP)
(Câmara Brasileira do Livro, SP, Brasil)

Setubal, Aglair Alencar
    Pesquisa em serviço social : utopia e realidade / Aglair Alencar
Setubal. — 5. ed. — São Paulo : Cortez, 2013.

    ISBN 978-85-249-2026-4

    1. Serviço social - Pesquisa - Brasil I. Título.

13-03692   CDD-361.981

Índices para catálogo sistemático:

1. Brasil : Serviço social 361.981

Aglair Alencar Setubal

PESQUISA EM SERVIÇO SOCIAL:
utopia e realidade

5ª edição
1ª reimpressão

PESQUISA EM SERVIÇO SOCIAL: utopia e realidade
Aglair Alencar Setubal

Capa: DAC
Revisão: Maria de Lourdes de Almeida
Composição: Linea Editora Ltda.
Coordenação editorial: Danilo A. Q. Morales

Nenhuma parte desta obra pode ser reproduzida ou duplicada sem autorização expressa da autora e do editor.

© 1995 by Autora

Direitos para esta edição
CORTEZ EDITORA
Rua Monte Alegre, 1074 – Perdizes
05014-001 – São Paulo – SP
Tel. (11) 3864-0111   Fax: (11) 3864-4290
E-mail: cortez@cortezeditora.com.br
www.cortezeditora.com.br

Impresso no Brasil — abril de 2013

Ao *Wagner,* meu marido e aos meus filhos, *Adrianna, Wagner Filho, Francisco Amaro e Toinho.*

SUMÁRIO

Prefácio 9

Introdução 13
1. Do emergir do tema à construção do objeto 13
2. Estruturação do trabalho 21

Capítulo I
A ineliminável relação da pesquisa com a produção do conhecimento científico 29

— Desvendando os significados da pesquisa no Serviço Social.. 37

1. Pesquisa como processo 40
2. Pesquisa e produção científica: um olhar sistemático para a realidade 62
3. Pesquisa: instrumento mediador da relação sujeito-objeto 72

Capítulo II

Pós-graduação: da formação de pesquisadores à
prática de pesquisa 79

1. Pós-graduação: objetivos e estímulos à pesquisa 89
   Uma questão de orientação 95
2. Objetivações profissionais pela prática de pesquisa:
   o caso dos pós-graduandos 109

Capítulo III

Sazonalidade da produção da pesquisa no Serviço Social:
determinantes e consequências.. 127

Elementos influenciadores e limites que se colocam à
prática da pesquisa... 148

Pontos de relevância da trajetória percorrida:
achados e contribuições decorrentes................................. 181

Bibliografia 189

PREFÁCIO

Prefaciar uma obra é, a rigor, um ato político, pois implica assumir o compromisso de introduzi-la na comunidade científica, acadêmica, profissional, anunciando o seu conteúdo, pré-sinalizando as contribuições de que é portadora.

No caso da presente obra *Pesquisa no Serviço Social: utopia e realidade*, cuja trajetória acompanhamos desde a concepção até a finalização, é com prazer e alegria que explicitamos esse compromisso, pois estamos convictas da valiosidade da produção realizada por Aglair Alencar Setubal.

Trabalhar a questão da pesquisa no âmbito do Serviço Social não é, certamente, tarefa de fácil execução, sobretudo quando se opta por realizá-la de forma rigorosamente crítica.

A produção teórica existente na área não nos confere, por si só, um patamar seguro, um ponto de ancoragem sólido para o necessário aprofundamento da reflexão. Assim, incursionar por essa temática traz a exigência de buscar apoio em outras fontes como a filosofia e esse amplo conjunto de saberes a que se denomina usualmente de ciências sociais.

Se há uma complexidade intrínseca em recorrer a fontes diversas, há também um ganho significativo que decorre de tal processo, não só pela superação de possível endogenia, como também pelas possibilidades que se instauram a partir desse diálogo transdisciplinar.

Na verdade, o próprio objeto de reflexão da autora — a produção do conhecimento — institui a exigência de um diálogo múltiplo, plural, heterodoxo, pois não se pode conceber a pesquisa sem esta riqueza que só o encontro dos saberes proporciona.

Acresce-se ainda o fato de que pensar a produção do conhecimento no âmbito de uma profissão essencialmente interventiva, como o é o Serviço Social, introduz uma outra fonte, plena de vitalidade, que é a própria prática profissional, nem sempre visualizada como produtora de saberes.

Essa, aliás, é uma das preocupações da autora, uma das questões instigantes de sua busca.

Como pesquisadora e professora de pesquisa na Universidade Federal do Piauí, e também no exercício de sua prática como assistente social, constata o frequente distanciamento que se evidencia entre a prática cotidiana desse profissional e a produção de conhecimento, junto, entre outros motivos de igual importância, da fragilidade no uso de mediações que lhe permitam dar visibilidade ao estatuto científico de seu fazer profissional.

A capacidade operacional, desvinculada da produção do conhecimento, acaba por expressar-se, em algumas circunstâncias, como um sinal distintivo da identidade dessa profissão, permitindo que se institua um verdadeiro fetiche da prática.

Buscando denunciar esta forma ilusória de aparecer do Serviço Social, pois tem convicção de que não é a sua forma de ser, e acreditando na prática regular da pesquisa como uma das possibilidades de superação desse fetiche, é que a autora procura desvendar os motivos pelos quais tal prática ocorre de modo tão sazonal e episódico no contexto do Serviço Social.

Tomando por interlocutores os assistentes sociais que realizaram seus Cursos de Pós-Graduação — mestrado e doutorado — em universidades brasileiras, na década de 1980, a autora analisa as condições e circunstancialidades que permeiam a produção da pesquisa nessa área.

Preocupa-a a constatação de que, mesmo entre os pós-graduandos, o ato de pesquisar nem sempre adquire persistência e regularidade, o que a leva a buscar os fatores motivantes de tal situação.

A originalidade da abordagem e o rigor das análises, paciente e densamente produzidas, fazem da presente obra leitura indispensável para todos aqueles que de alguma forma estão vinculados às práticas sociais, educacionais, acadêmicas, nos seus vários e diversificados contextos.

As conclusões que o estudo permite extrair não se aplicam apenas ao Serviço Social, mas a todas as profissões que têm nas relações sociais o seu campo significativo de trabalho.

O próprio título da obra *Pesquisa no Serviço Social: utopia e realidade*, cuidadosamente escolhido, mais do que anunciar o seu conteúdo é a manifestação da esperança da autora na superação de um olhar dicotômico e binário que impede a percepção da ineliminável relação da pesquisa com a produção do conhecimento, com a renovada construção da prática.

É verdade que nenhuma obra se exaure em uma única interpretação e essa, de que nos ocupamos no momento, é plena de sentidos, rica de potencialidades que somente a leitura atenta e cuidadosa poderá revelar. Aceitemos, pois, o desafio de fazê-lo!

Maria Lúcia Martinelli
outono, 1995

INTRODUÇÃO

1. Do emergir do tema à construção do objeto

Na busca de maior compreensão sobre o Serviço Social na realidade brasileira, deparamo-nos com uma série de questões que o permearam desde o princípio, provocando um certo emaranhamento em problemas concretos que reclamam, na atualidade, elucidações teórico-interventivas no desempenho dessa prática social. Reconhecendo a impossibilidade de um único pesquisador dar conta das múltiplas dimensões circundantes e constitutivas do Serviço Social, sob pena de ganhar em abrangência e quantidade, mas perder substancialmente em qualidade e profundidade, foi que nos propusemos a estudar a produção do conhecimento nessa área a partir da pesquisa. Essa escolha não foi aleatória, pois se funda em três aspectos circunstanciais.

O primeiro aspecto relaciona-se à nossa preocupação com a pesquisa na área desde os momentos da graduação. Foi a partir da nossa iniciação científica, sobretudo por meio da disciplina "Métodos e técnicas de pesquisa" e de pesquisas formalmente realizadas em alguns bairros da periferia de

Fortaleza, que nos apaixonamos por esse processo. Percebemos que o Serviço Social não deve parar na prática interventiva, mas buscar, na concretude dos procedimentos da pesquisa, apoio para uma ação profissional mais dinâmica, questionadora e que caminha *pari passu* com os diferentes movimentos emergentes da sociedade.

Com isso não infirmamos a importância do Serviço Social em sua postura interventiva e reflexiva voltada para o diagnóstico social, mas apontamos para o valor da ação investigativa, para um procedimento técnico mais qualificado. Apesar de serem momentos diferentes de construção do conhecimento, eles se complementam, sem contudo perderem os seus traços determinantes e guardarem a sua "independência". Sabemos que nem toda ação interventiva é calcada num estudo diagnóstico no sentido pleno da palavra, e que nem todo diagnóstico é voltado para a atuação, pelo menos de imediato, como deveria ser. Entretanto, por mais incipiente que se apresentem essas ações, elas necessitam do mínimo de informações teóricas, ou seja, de conhecimentos produzidos a partir da pesquisa. Esta, por sua vez se enriquece ao dialogar com as experiências sociais,[1] ao mesmo tempo que nutre teoricamente essas experiências. Por isso, percebemos a pesquisa como uma questão central para o debate contemporâneo do Serviço Social, pois embora este se tenha legitimado pela intervenção característica de sua forma de aparecer, de participar no mercado de trabalho, é pela via da pesquisa que o seu avanço se tem

---

1. Embora os impactos do discurso instituído sobre a ação profissional e da ação profissional sobre as novas formas institucionais de ver as questões sociais venham a se constituir elementos das experiências sociais dos atores atuantes no processo interventivo, não podemos limitá-las ao contexto institucional/profissional, tendo em vista que a sua efetivação se verifica no cotidiano da vida do sujeito histórico e é manifestação concreta dos efeitos das conjunturas de uma determinada sociedade no momento da realização da prática social.

verificado,[2] muito embora isso não se constitua prática frequente nessa área.

À medida que o tempo passava, sentíamos que cada vez mais nossas preocupações com a pesquisa aumentavam!... Quanto mais ousávamos desvendar os fatos, as situações vividas pela população usuária dos serviços por nós prestados, mais percebíamos nossa fragilidade teórica, nossa falta de preparo instrumental, mesmo no desempenho da prática institucional cotidiana. Por isso, o máximo que conseguíamos atingir era o desvelamento das situações vividas por esses usuários, pois nosso olhar, por mais penetrante que fosse, pairava na superficialidade do fato, impedindo a apreensão do modo de se manifestar a realidade além da sua faceta de objeto. Tudo isso gerava inquietações que nos levavam a ver como insuficiente por si só o estudo diagnóstico, mesmo reconhecendo a sua validade. E aí o sinal da paixão, esmaecido pelo tempo, reafirma as suas cores, dessa feita não mais como profissional ligada às práticas institucionais, mas responsável, como muitos outros companheiros, pela formação profissional, principalmente dos conteúdos relativos à matéria Pesquisa, contida no currículo mínimo, e que é desdobrada em várias disciplinas constitutivas da grade curricular do curso de Serviço Social da Universidade Federal do Piauí. Não sei se fomos nós, envolvidos pelo espírito de curiosidade "científica", que buscamos a todo custo colocar no centro das nossas preocupações a pesquisa como temática de estudo, ou se essa é que tem nos perseguido. O certo é que sempre estamos juntos, em alguns momentos fortemente ligados, em outros mais distanciados, mas nunca separados. E assim

---

2. Essa afirmação está fundamentada nas evidências identificadas nos dados empíricos e é trabalhada analiticamente das mais diferentes formas no decorrer deste trabalho. Esperamos que ao aprofundarmos as nossas reflexões sobre o avanço do Serviço Social pela via da pesquisa, possamos eliminar qualquer caracterização bipolarizada que neste momento essa possa apresentar.

andamos, e mutuamente nos fortificamos... É o ser que não sobreexiste sem o conhecimento, é o conhecimento que só tem razão de ser na efervescência das experiências sociais. Aparentemente, essa relação eclode em momentos dispersos da nossa vida profissional. Entretanto, quando reconhecemos que o aparente é apenas uma nuança do real e que esse real para ser compreendido requer que se mergulhe nele de forma incessante e profunda, é que nos damos conta da pluralidade existente nessa relação, ou seja, da presença em um só momento da singularidade e particularidade expressas no nosso ser pesquisador. É assim que sentimos a nossa relação com o objeto deste estudo e entendemos, ainda, que é na face oculta dessas relações, na sua identificação, na reflexão sobre os sentidos dos determinantes do modo de aparecer do Serviço Social e dos elementos influenciadores do seu movimento de realização que apreendemos as dimensões múltiplas de sua realidade específica e, então, entendemos muitas das questões que se colocam sobre a pesquisa nessa área.

As implicações sócio-político-culturais e econômicas que dão os matizes, as diferentes conjunturas e coexistem com as várias práticas sociais[3] e portanto com o Serviço Social, não

---

3. Entendemos como prática social o processo que ultrapassa o mero exercício rotineiro, capaz de modificar tudo o que rodeia o homem na sua individualidade, para atingir a direção, o ritmo e o desenvolvimento de seus atos sociais no seu construir-se enquanto ser social. É ponto de partida e de chegada do sujeito coletivo que, ao recusar a ordem burguesa, resgata as experiências da população subalterna ao mesmo tempo em que reivindica, por meio de movimentos e de uma ação questionadora, soluções para os problemas sociais cada vez mais agravados pela concentração de riquezas, discrepância de oportunidades culturais, distorções nas manifestações ideológicas e políticas. Embora sem querer forçar a perda da preeminência original da palavra *prática* que, derivada do grego *praktikë* significa uso, exercício, experiência, expandimos a sua compreensão ao contexto da práxis social por renovar-se permanentemente a partir do diálogo entre teoria e prática. Com isso não afirmamos que essa relação seja explícita e visualizada por todos os componentes das diferentes práticas sociais, como também não dizemos que toda prática social se constitui práxis, mas sim que toda práxis é decorrente da prática social, que por sua vez é

podem estar ausentes nesse processo. Pois como sabemos, muitas vezes essas conjunturas têm efeitos bombásticos para a população, por provocarem o surgimento de novas questões sociais[4] e o aprofundamento das já existentes.

Não temos como negar a complexidade expressa na concretude das relações profissionais, ao mesmo tempo em que não podemos desconhecer a sua importância para a busca de novos conhecimentos, para a criação de outros procedimentos operacionais instrumentadores de conhecimentos elaborados dentro dos requisitos teóricos, fundamentados e enriquecidos por essa reconstrução que alimenta um outro agir profissional. Com isso, afirmamos que é nos momentos de maior tensão social que as questões sociais se tornam mais visíveis, e que ocorre o maior chamamento do Serviço Social para a pesquisa. Assim sendo é que vemos, nesse ponto de nossas reflexões, que nossas motivações para o estudo desta temática e para o reconhecimento da importância da pesquisa para o próprio avanço do Serviço Social, além de singulares (negamos a esse termo qualquer conotação laudativa, mas o empregamos no sentido de raro, surpreen-

---

um produto social desenvolvido de forma histórica e coletiva. Por conseguinte, quando consideramos o Serviço Social uma forma de expressão de prática social, não queremos atribuir-lhe uma conotação empirista, mas sim entendê-lo como uma forma de ação profissional em permanente transformação pelo diálogo incessante entre teoria e prática. Diálogo que se faz pela mediação da consciência; consciência que representa a forma de ser e aparecer do Serviço Social.

4. Têm tomado lugar comum na bibliografia das Ciências Sociais, principalmente da Sociologia Política, e do Serviço Social as reflexões sobre questão social. Entretanto são os trabalhos de Ianni, (1992), Cerqueira Filho (1982), Iamamoto e Carvalho (1982), Martinelli (1989) que nos subsidiam teoricamente. Como os autores, também, vemos a íntima relação do processo de produção capitalista com a questão social, seja porque essa expressa uma estreita vinculação, embora conflituosa, uma contradição entre capital e trabalho, que se concretiza pela via dos problemas políticos, sociais e econômicos impostos à sociedade capitalista pela classe operária, seja porque, como diz Martinelli, representa o "[...] amplo espectro de problemas sociais que decorreram da instauração e da expansão da industrialização capitalista" (1989, p. 54).

dente, forma de sentir as emoções e sentimentos diferentemente de outras pessoas), são também manifestações das inquietações que emergiram no próprio Serviço Social, como veremos no decorrer deste trabalho. Por conseguinte, sua gênese temática, longe de emergir de abstrações pessoais e de interesses individuais, foi se construindo gradativamente, a partir de discussões grupais e coletivas de profissionais em eventos locais, regionais, nacionais e até latino-americanos sobre a natureza do papel socialmente desempenhado pelo Serviço Social, ao longo da sua história, na América Latina e particularmente no Brasil.

As considerações iniciais não diminuem a originalidade deste estudo, pois reconhecemos o seu ineditismo a partir da forma como se deram as nossas aproximações e reconstruções da realidade estudada, bem como a organização e a sistematização dos dados levantados. Essa postura metodológica nos favoreceu uma compreensão da problemática abordada com base no contexto do Serviço Social, e a importância do resultado deste estudo para a nossa área profissional, ponto de partida e de chegada deste conhecimento.

Ao nos reportarmos novamente à particularidade, aos aspectos essenciais de nossa pesquisa, torna-se necessário explicitarmos a segunda motivação que sentimos para a sua concretização, que se encontra intimamente relacionada à pergunta: Por que, diante do leque de questões relacionadas ao Serviço Social contemporâneo, fomos despertados a pesquisar, exatamente, sobre pesquisa? Em parte a questão já foi respondida em reflexões anteriores, mas falta ainda dizer que o fato de o Serviço Social ser considerado por segmentos da nossa categoria como consumidor acrítico dos conhecimentos produzidos pelas Ciências Humanas e Sociais é, para nós, preocupante. Porém, primeiramente, num monólogo ruidoso, permeado de conflitos resultantes de um despertar crítico e consciente, fizemos uma introspecção histórico-dialogada com as nossas experiências profissionais. Posteriormente, por meio da interlocução com as obras de autores que tratam da questão do conhecimento em outras áreas, procuramos ter um saber aproximado sobre até que ponto essa forma de olhar é pertinente ao ser do Serviço Social e até que ponto ela não capta apenas o seu modo de se expressar na sociedade. Foi então que definimos contar como sujeitos da pesquisa os pós-graduados, na década de 1980, em Serviço Social. Do universo de 310 (trezentos e dez), procuramos nos ocupar particularmente dos que tiveram oportunidade de divulgar os seus trabalhos em veículos editoriais de alcance nacional, como a Cortez e a Vozes. A escolha dessas editoras ocorreu após um rastreamento que nos possibilitou constatar que a primeira é a que mais tem divulgado os trabalhos dos pesquisadores da área, com a publicação das produções de 48 (quarenta e oito) pesquisadores em forma de livros e/ou artigos.

Dentro da intencionalidade da nossa amostra, pareceu-nos que a mesma já estava determinada, mas por razões alheias a nossa vontade: 5 (cinco) mestres não foram localizados, 1 (um) negou-se, de imediato, a colaborar e 5 (cinco) não responderam aos questionários; nosso estudo ficou composto apenas por 37 (trinta e sete) unidades de análise, assim distribuídas por estados: Maranhão, 4 (quatro); Piauí, 3 (três);[5] Rio Grande do Norte, 1 (um); Paraíba, 1 (um); Pernambuco, 4 (quatro); Mato Grosso do Sul, 1 (um); Espírito Santo, 2 (dois); Rio de Janeiro, 5 (cinco); São Paulo, 13 (treze); Paraná, 2 (dois); Rio Grande do Sul, 1 (um).[6]

---

5. Dentre esses nos encontramos. Por conseguinte, também somos sujeitos do presente estudo.

6. O mapeamento demonstrativo da localização dos sujeitos por Estado foi para nós significativo por dar oportunidade à análise da repercussão da pós-graduação e consequentemente da pesquisa nas diferentes regiões do País.

Embora tenhamos privilegiado como sujeitos os pós-graduados, nossa base empírica não se constituiu apenas das informações provenientes deles, mas também das decorrentes dos programas, comunicações e preocupações apresentadas pelos assistentes sociais nos mais diferentes eventos promovidos pela Associação Brasileira de Ensino em Serviço Social — ABESS e pelo Centro de Documentação e Pesquisa em Políticas Sociais e Serviço Social — CEDEPSS[7] naquela mesma década, embora a recorrência aos últimos seja excepcional.[8]

A coleta dos dados empíricos foi realizada a partir do uso de questionário, com perguntas abertas, complementada por entrevistas junto a determinados sujeitos e análise de algumas produções. A forma pela qual as duas primeiras técnicas foram empregadas permitiu ao pesquisado liberdade, clareza e fundamentação ao explicitar o seu pensamento, e a nós pesquisadores a obtenção de outras informações, só apreendidas por meio de instrumental flexível e por ocasião

---

7. Esse é mais um empreendimento do Serviço Social no sentido de estimular a pesquisa. O CEDEPSS, órgão acadêmico da ABESS foi criado por ocasião da XXV Convenção da entidade, realizada em Fortaleza no período de 6 a 11 de dezembro de 1987. De lá para cá, muito tem contribuído para o avanço da produção do conhecimento e para a sua socialização ao realizar em parceria com a ABESS e Conselho Nacional de Desenvolvimento Científico e Tecnológico — CNPq (antigo Conselho Nacional de Pesquisa) eventos nacionais como: II Encontro Nacional de Pós-Graduação em Serviço Social (Rio de Janeiro, 12 a 15 de novembro de 1988) e I Encontro Nacional de Pesquisadores (Brasília, 21 a 23 de agosto de 1989). Só para registrar, já que nosso estudo se limita às atividades relacionadas a pesquisa e estímulos a essa na década de 1980, em novembro de 1994 o CEDEPSS realizou, juntamente com a ABESS, o IV Encontro Nacional de Pesquisadores.

8. Em todos os momentos deste trabalho, procuramos dialogar permanentemente com a nossa base empírica. Entretanto, algumas vezes sentimos a necessidade de nos subsidiarmos com outras informações que, após uma análise pretensamente crítica, cruzamos com os dados obtidos por meio dos diferentes instrumentos de coleta de dados por nós utilizados. Esse é o motivo que nos leva a atribuir às recorrências realizadas nessas circunstâncias o caráter de excepcionalidade.

de contatos face a face. Buscamos, na memória dos sujeitos, informações sobre as suas experiências como pesquisadores e do fundo das suas lembranças acompanhamos o refazer da sua trajetória de pesquisador, a sua compreensão atual da situação da pesquisa no Serviço Social. Todos esses procedimentos levaram-nos a constatar que o conhecimento, como produto da pesquisa no Serviço Social, não é uma realidade dada, que se expresse e se observe desde os primórdios da institucionalização e reconhecimento social da profissão na sociedade brasileira. É o resultado de um caminhar, de um proceder histórico que se vem construindo e reconstruindo gradativa e permanentemente não só no desempenho da prática acadêmica mas também no contexto da prática institucional, espaço que dá conta da concretude das demandas sociais, decorrentes dos problemas originários das diferentes dimensões estruturais, conjunturais do país, principalmente no âmbito político e econômico.

Ficou-nos evidente, desde os primeiros momentos que, para apreendermos os significados da pesquisa no Serviço Social, é necessária a realização de um empreendimento que, com cuidado e empenho, parta das diferentes compreensões existentes no seu interior sobre pesquisa, e que não coloquemos de modo marginal algumas questões direta ou indiretamente relacionadas a esse processo. Foi isso o que fizemos. É o resultado desse proceder que procuramos apresentar a seguir.

2. Estruturação do trabalho

Somos sabedores das dificuldades do Serviço Social em realizar pesquisa, e das situações concretas que dão conta da pequena familiaridade da área com a produção do conhecimento. Mas é no desenvolvimento deste trabalho que mostramos, sem mistificação do processo, a trajetória de lutas, dificuldades múltiplas encontradas por todos os que se propuseram a desenvolvê-lo. Por isso, mais do que justo, consideramos importante dar voz aos que ousaram macular a especificidade do Serviço Social, por meio da ampliação dos seus horizontes profissionais.

Abstemo-nos, nos capítulos que se seguem, de fazer comentários avaliativo-depreciativos em relação à pouca frequência com que se tem verificado a construção do conhecimento científico no Serviço Social, mas não nos recusamos a trazer para o plano da visibilidade teórico-reflexiva algumas questões que envolvem a prática da pesquisa nessa área. Por isso, o esforço empreendido para a consecução desta tarefa investigativa suscitou-nos inquietações que passaram a exigir cada vez mais compromisso com a produção do conhecimento no Serviço Social, com a sua forma de elaboração, com as possibilidades de socialização e de aplicação do seu produto. Todavia, essas inquietações não pairam na sistematização científica, pois, ao nos afastarmos da compreensão de pesquisa instrumental, víamo-nos diante do desafio de não reduzir essa atividade a um mero produto, mas tomá-la como instrumento de libertação educativa. Tudo isso nos impulsionava, mostrava-nos a direção a seguir na construção do nosso objeto de pesquisa; apresentava-nos elementos que nos permitiam dar a estrutura que ora apresentamos a este trabalho.

No primeiro capítulo, intitulado "A ineliminável relação da pesquisa com a produção do conhecimento científico", procuramos, com o cuidado de uma pessoa que busca na imensidão de um universo obscuro algo perdido e de valor, apreender a abrangência do significado da palavra pesquisa no interior do Serviço Social. Desencadeamos então um processo no qual, à medida que avançávamos em sua construção, também nos construíamos como sujeito duplamente privilegiado, ou seja, como pesquisador e como pesquisado. Nesse caminhar incessante, cuja complexidade e riqueza nem sempre são percebidas pelos que têm acesso ou se contentam apenas com os resultados da pesquisa, deparamo-nos com a necessidade de definições mais claras e consistentes de um conceito bastante utilizado na construção do nosso objeto de estudo, como é o caso da compreensão existente sobre conhecimento. Mostramo-lo como forma de se expressar do homem no decorrer da sua história; mostramos, ainda, a importância desse conhecimento no desempenho das ações diárias, as suas relações com as experiências sociais e os diferentes caminhos seguidos pelo Serviço Social na sua formulação. Percebemos que a construção do conhecimento não é algo raro, pois todo ser humano é dotado de capacidade para construí-lo com base em suas experiências sociais. E, respeitando as diferentes modalidades de formulação, tomamos para referendar nosso estudo o conhecimento resultante do processo científico, já que, entre esse e a pesquisa, existe uma inelimínável relação. Embora de aparência teórica, procuramos nesse primeiro capítulo, como nos demais, dialogar com os sujeitos de nossa amostra, fundamentando-nos em autores que subsidiam nossas reflexões, bem como em nossas próprias elaborações. Com tal postura metodológica, almejamos tornar este trabalho o mais dinâmico possível, de modo que seja, por si mesmo, demonstrativo da nossa caminhada investigativa. Nesse capítulo, apresentamos, em diferentes itens, três concepções de pesquisa, extraídas da análise do nosso material empírico. No primeiro, trabalhamos a "Pesquisa como processo"; no segundo, "Pesquisa e produção científica: um olhar sistemático para a realidade"; e, por último, "Pesquisa: instrumento mediador da relação sujeito-objeto".

No segundo capítulo, "Pós-graduação: da formação de pesquisadores à prática de pesquisa", embora reconhecendo a existência de produções de pesquisa, anteriores à institucionalização dos programas de pós-graduação de Serviço Social no Brasil, fazemos uma análise que se propõe crítica desses instrumentos de fomento à produção de conhecimento científico e de formação de pesquisadores nessa área profissional. Sem nos esquecermos das dificuldades estruturais e conjunturais do País, que se refletem de forma direta na política educacional, procuramos apreender a formação *stricto sensu* em Serviço Social a partir das implicações decorrentes de uma universidade construída dentro de um projeto capitalista modernizante.

Inserida no contexto das instituições universitárias deste País, presentes nas regiões Sul, Sudeste e Nordeste, a pós-graduação por nós estudada vê-se emaranhada em implicações decorrentes das relações capital/sociedade e universidade brasileira. Essas relações influem no tônus das características e perfil do pesquisador em formação, daí a necessidade da maior visibilidade possível das relações pelos programas. É com base nessa visibilidade que deve ser definido o tipo de pesquisador a formar. Assim sendo, a formação do pesquisador não se limita a despertar os pós-graduandos para o compromisso com a prática investigativa, nem tampouco a capacitá-los ao manuseio do instrumental metodológico e à interlocução com teorias. Na estrutura de formação institucional, faz-se premente o reconhecimento da importância e definição da direção social para a qual deve ser conduzida a formação, pois na dependência dessa é que serão apresentadas as condições iniciais para que o pesquisador aprenda, sem dicotomizar, o caráter científico e educativo contidos na pesquisa.

Apesar de termos identificado várias dificuldades na pós-graduação em atingir os seus objetivos, destacamos neste capítulo os problemas relativos ao processo de orientação, devido às evidências manifestadas pelos sujeitos a partir das suas vivências enquanto alunos. Nesse item, apresentamos 4 (quatro) tipos de orientação desenvolvidos na década de 1980, por nós designadas assim: orientação enciclopédica, orientação contemplativa, orientação de latência e orientação interativa. Foi a partir dessa tipologia que tecemos considerações que temos como importantes para o norteamento de reflexões que viabilizem a desmistificação dos processos de orientação e de pesquisa. Em síntese, demonstramos que, apesar de tudo, os diferentes programas têm atingido seus objetivos, à medida que contribuem para a efervescência da pesquisa no Serviço Social, para que ocorra objetivação profissional nessa prática social por meio do desenvolvimento da pesquisa. No entanto, não podemos considerar a pesquisa apenas como resultante da formação da pós-graduação nem dos estímulos que essa apresenta à produção do conhecimento científico. Pois, à proporção que procurávamos nos aproximar do nosso objeto, outros aspectos significativos emergiam, mostrando-nos que a pós-graduação não garante a prática permanente da pesquisa na área, pelo menos por meio do mesmo pesquisador, o que vem ocasionar o caráter de sazonalidade, tema do nosso próximo capítulo.

O terceiro capítulo, "Sazonalidade da produção da pesquisa no Serviço Social: determinantes e consequências", é, para nós, o mais complexo, por conter elementos reveladores mas nem sempre compreendidos pelos diferentes autores da pesquisa sobre as circunstâncias que envolvem o Serviço Social na sua prática institucional e acadêmica, bem como sobre as relações que esses elementos apresentam com a irregularidade do fluxo da pesquisa nessa área.

Defendemos desde o princípio a tese de que a demanda à pesquisa, a utilização dos seus resultados, o caráter sazonal presentes na produção do conhecimento estão intimamente relacionados às compreensões sobre ela existentes no contexto institucional e no âmbito profissional. Contudo, mostramos que esses entendimentos não ocorrem ao acaso, tendo em vista estarem relacionados aos contextos mais amplos, pois a própria sociedade exerce o seu domínio sobre o conhecimento, ao atribuir-lhe recursos e determinar lugar para a sua elaboração. É evidente que a sociedade a que nos referimos não é abstrata, mas sim aquela na qual vive o pesquisador e da qual demandam determinações sociais que influenciam esse e a pesquisa.

Reconhecemos a importância das determinações sobre o pesquisador, mas esse, como sujeito, procura dentro da sua temporalidade histórica desempenhar, além do papel de ator, o de agente ativo que a cada instante constrói a si, ao seu objeto de investigação e com isso colabora, por meio do seu conhecimento, com as transformações sociais. Nessa movimentação, o pesquisador, de alguma maneira, intervém na organização da sociedade, em virtude de ter a pesquisa, em seu papel libertador, possibilidades de influenciar as transformações sociais. É nesse momento que evidenciamos a importância da prática para o exercício de elaboração crítica e a consideramos como categoria nuclear da atividade investigativa, pois faz parte das experiências vivenciadas pelo sujeito produtor do conhecimento.

Procuramos não assumir em nossas análises uma postura polarizante, atribuidora da responsabilidade sobre a periodização da pesquisa. Porém, partindo das experiências de nossos interlocutores, identificamos situações institucionais e comportamentos profissionais que são considerados por esses sujeitos como estimuladores e outros como inibidores do desempenho permanente de uma postura investigativa por parte do Serviço Social. Como elementos influenciadores mostramos que algumas práticas institucionais já dão os seus primeiros passos nessa direção, muito embora seja no desempenho da docência, principalmente na pós-graduação, em que a pesquisa tem se apresentado como prática mais constante.

Ao falarmos da existência, ainda que embrionária, da pesquisa em instituições não acadêmicas e na graduação, chamamos a atenção para a peculiaridade que a referida atividade assume, em virtude de, na maioria das vezes, resultar de iniciativas individuais que exprimem quase sempre o interesse imediato do pesquisador. Não tiramos com isso o mérito dessas elaborações, mas nos colocamos de forma questionadora, por não vermos a conciliação desse interesse individual com as questões refletidas em contextos mais amplos.

Consta, ainda desse capítulo, a explicitação das confusões epistemológicas sobre o termo *pesquisa*, sendo, dessa feita, por parte de instituição responsável pela concretização de uma das políticas sociais do Estado. Juntamente com essas, outras reflexões são realizadas a partir de incursões relatadas pelos pesquisados ao mundo sistematizador crítico da realidade. São as experiências relatadas que nos ajudam a apreender a realidade, nos mostram que, apesar dos limites muitas vezes impostos à produção do conhecimento científico no Serviço Social, a pesquisa apresenta-se no contexto dessa prática, paradoxalmente, como utopia e realidade, condição que nos leva a acreditar que pesquisar é conhecer pesquisando. É nessa premissa explícita que encontramos elementos desafiadores que precisam ser vencidos pelo Serviço Social, para que esse se reposicione no conjunto das transformações influenciadoras da nova divisão social do trabalho, com atribuições sociais outras, conquistadas ao longo da sua institucionalização na sociedade brasileira.

No itinerário de nossa busca, muitas informações significativas para a atual situação da pesquisa no Serviço Social foram emergindo, convencendo-nos, pelo menos no momento, de que o grande desafio que esse tem vivenciado é exatamente o de ultrapassar, qualitativamente, o entendimento dicotomizador da teoria com a prática. Isso, ao nosso ver, vem dificultando o registro e a compreensão da realidade na sua manifestação concreta, à medida que não devemos desligar essa atividade da prática ou vinculá-la apenas por meio de uma interpretação instrumentalizadora da transformação social, sob pena de retirar dela a condição de práxis social, ou seja, de unidade entre o conhecimento científico e as necessidades práticas e históricas do homem. Assim sendo, por mais empenho que tenhamos dedicado ao estudo dessa temática ela apresenta-se como flanco aberto para outras e instigantes investigações, favorecedoras do enriquecimento de novas discussões sobre a pesquisa no Serviço Social.

CAPÍTULO I

A ineliminável relação da pesquisa com a produção do conhecimento científico

> *Um intelectual, por exemplo, acha fácil opor-se (no plano das ideias) a certos poderes políticos. Mas raramente ele, na busca da verdade, se atreve a desmentir os intelectuais de renome. Ele se curva ante o discurso do prestígio que, para ele, é a força.* (Weil, 1979, p. 41)

Ao enfrentarmos os desafios impostos a este trabalho, deparamo-nos, de imediato, com a necessidade de apresentar a ineliminável relação da pesquisa com a produção do conhecimento científico. Para tanto, partimos da questão que apreende e visualiza as bases dessa relação. Em primeiro lugar, no que se refere ao entendimento do Serviço Social sobre conhecimento, daí julgarmos conveniente algumas reflexões a esse respeito; e, em segundo, no que tange às finalidades sociais que se constituem em relações não causais direcionadas para os objetivos da pesquisa.

Ao considerarmos o conhecimento como forma de se expressar do homem no decorrer da sua história, vemos que, desde os primórdios da humanidade, ele foi sendo construído na relação entre os homens e destes com os objetos da natureza. O conhecimento foi desenvolvendo-se à medida que as próprias ações humanas expandiam-se em decorrência do surgimento e crescimento das necessidades estimuladas pelas experiências sociais, muitas das quais impostas pelos sistemas de produção determinantes das relações sociais[1] de cada época. É certo que as condições e formas pelas quais o conhecimento foi e é elaborado, e as finalidades para as quais se destina, variam, dando origem às especulações filosóficas e teóricas que distam desde a Grécia antiga (século VI — I a.C.), com as explicações abstratas dos principais pensadores da Escola de Mileto, Tales, Anaximandro e Anaxímenes, sobre a racionalidade do mundo, em oposição às percepções míticas até então existentes. Esses diferentes entendimentos fazem-nos perceber que a ação do homem não é apenas determinada biologicamente, pois concomitante a ela surgem outras variantes que lhe são incorporadas, de acordo com as suas experiências e conhecimentos acumulados. No seu fazer-se histórico, no processo de produção de sua própria existência, o homem modifica-se, transforma antigas necessidades consideradas básicas, cria novas necessidades e altera a natureza naquilo que lhe é necessário. Assim sendo, o processo de elaboração do conhecimento é de caráter social e não fruto da revelação divina, da iluminação interior reveladora, como queria Santo Agostinho.[2] O referido processo representa o esforço

---

1. São expressões concretas da forma de ser de determinada sociedade, não podendo, por isso, serem vistas de forma autônoma.

2. Santo Agostinho (1973) mostra-nos que em tudo existe a interferência de Deus, que tem poder não só em relação à salvação do homem mas também sobre as possibilidades de conhecimento. Segundo esse filósofo, o conhecimento pode ser

do homem no sentido de produzir a sua existência material e social, embora seja a partir das relações com outros homens que o conhecimento se estabelece e se organiza.

O estabelecimento dessas relações interdependentes verifica-se em situações concretas, ou seja, a partir do desenvolvimento dos diversos tipos de atividades do homem, não importando se essas estão voltadas para a produção dos bens materialmente produzidos ou para o processo de produção de conhecimento. Desse modo, fica evidenciado que, para nós, é imanente ao conhecimento o caráter social que tem, por sua vez, as experiências sociais como base. Experiências que pelo trabalho, cultura, lazer e política viabilizam a transformação do homem; homem que na concretização das suas experiências sociais faz a história; história que representa as experiências sociais, que se constrói pela ação, que clarifica, que interpreta e que instrumentaliza o processo de reintegração do homem numa realidade concreta; realidade concreta que é apreendida, analisada e explicitada nas suas múltiplas determinações por meio do conhecimento científico; conhecimento que representa formas de se expressar do homem e da sociedade no mundo das artes, da política e do trabalho; trabalho que nem sempre representa o desejo do homem, mas que o transforma. Como diz Marx:

> Os homens fazem a sua própria história, mas não a fazem segundo a sua livre vontade; não a fazem sob circunstâncias de sua escolha, mas sob aquelas circunstâncias com que se defrontam diretamente, legadas e transmitidas pelo passado (1987, p. 15).

Essas referências teórico-metodológicas marxianas, embora não estejam diretamente vinculadas à preocupação com

---

proveniente dos sentidos e da razão. "Pois todas as coisas que percebemos, percebemo-las ou pelos sentidos do corpo ou pela mente" (p.xii).

o processo orgânico que leva o homem à produção do conhecimento, apontam para uma questão que nos parece central nesse método materialista e histórico — a matéria, o mundo com as suas diferentes representações nem sempre são dependentes da vontade do homem, muito embora sejam fatores condicionantes do conhecimento, tanto do construído no seu fazer cotidiano quanto do decorrente da prática científica. É por isso que nem sempre o homem produz o conhecimento que deseja e precisa enquanto sujeito coletivo. Assim sendo, o conhecimento resultante do ato criador do homem constitui-se de força que movimenta a própria criação e a transformação das suas necessidades em sentidos paralelos e opostos. Expliquemos, a partir das relações sociais capitalistas, como é o caso do Brasil: enquanto alguns setores da sociedade se beneficiam do conhecimento para o refinamento e aumento da satisfação das suas necessidades sociais, existem alguns segmentos dessa mesma sociedade que, nesse mesmo momento, têm a satisfação de suas necessidades, até mesmo biológicas, diminuída. Esses últimos padecem, muitas vezes, em decorrência da não socialização dos produtos de conhecimentos científicos e tecnológicos, elaborados e utilizados pelo homem no seu fazer-se histórico.

Ora, se essa concepção de conhecimento origina-se concomitantemente às experiências sociais do homem no cotidiano da sua vida, resulta da busca que esse empreende na labuta para satisfação das suas necessidades não só naturais mas também históricas, e se o produto do ato de conhecer requer uma relação entre sujeito e objeto numa elaboração intelectiva ou, tratando-se da produção científica de elaboração interpretativa sobre o objeto, o Serviço Social, mesmo quando desenvolve uma prática aparentemente apenas interventiva, está produzindo um tipo de conhecimento: um conhecimento profissional resultante da sua inserção em práticas concretas. Esse conhecimento, gestado e desenvolvido na ação profissional, é fruto representativo, também, de experiências sociais adquiridas a partir das condições estruturais de determinado momento histórico. Mas será que o conhecimento dá conta da complexidade do objeto na sua totalidade?[3] Apreende as diferentes partes que o constituem? Adere ao objeto por meio de explicações elucidativas sobre a sua forma de ser? Essas são perguntas que extrapolam os objetivos do nosso trabalho, mas que nos levam a perceber a necessidade de maior clarificação do presente objeto de estudo. Contudo, convém que explicitemos que, entre os diferentes entendimentos de conhecimento que perpassam o modo de ser e de se constituir do Serviço Social, duas vertentes nos parecem fundamentais, pois refletem-se diretamente no entendimento de pesquisa: uma que atribui ao conhecimento valor apenas instrumental, generalista e útil ao desenvolvimento de uma prática considerada eficaz e outra que coloca o conhecimento no patamar constituído pelas diferentes formas de ação e percepção do Serviço Social no seu construir-se e reconstruir-se histórico. A visão instrumental parte do princípio de que o conhecimento origina-se e sustenta-se na própria prática profissional com o auxílio de teorias generalizadoras que viabilizam certa compreensão do objeto para intervenção imediata. Tal conhecimento conduz-nos a uma percepção empirista, compreensão distanciada e consequentemente insuficiente do objeto na sua manifestação abstratamente elaborada. A segunda vertente defende o conhecimento como um produto dialético que apreende, em

---

3. Diferentemente dos metafísicos, não atribuímos a esse termo nenhuma conotação abstrata, a-histórica e inerte, mas o compreendemos a partir do materialismo histórico-dialético como uma categoria dinâmica composta de múltiplas relações apreendidas no seu momento predominante. Essas múltiplas relações nada mais são, segundo Lukács, *Ontologia do ser social*: os princípios ontológicos fundamentais de Marx (1979), do que o momento de totalidades restritas, ou seja, totalidades que na sua posição expressam o momento predominante do elemento.

um só momento, a forma de se expressar do Serviço Social num determinado espaço e tempo, bem como as alternativas viáveis de intervenção. Não é um conhecimento apriorístico, sensível, mas organiza-se a partir da correlação de forças políticas e ideológicas contidas nas relações sociais.

Diante da amplitude e da complexidade das questões que envolvem a definição de conhecimento é que o Serviço Social vê-se obrigado a refletir sobre a sua própria natureza. É então a partir do desencadeamento de uma programação desenvolvida pela Associação Brasileira de Ensino no Serviço Social, nestas duas últimas décadas, principalmente nos primeiros anos de 1980, que é travado no interior do Serviço Social um debate polêmico sobre a construção do conhecimento.

É dentro do contexto dessas inquietações que nos encontramos. É a partir do reconhecimento da existência do caráter multiforme do conhecimento no Serviço Social que optamos pela percepção que apreende o conhecimento como produto de um processo metodologicamente construído, ou seja, pelo conhecimento produzido a partir da pesquisa no Serviço Social. Em síntese, se é que podemos apresentá-la, o conhecimento é para nós uma elaboração intelectual resultante do processo que ultrapassa o plano meramente sensível, pela mediação do raciocínio lógico, dialético e da consciência sobre a realidade do objeto observado. Na sua formulação teórico-metodológica, não pode o conhecimento ser deslocado da empiria para que assim possa dar conta do objeto na sua concretude e se apresentar no ponto de finalização como um produto histórico, consequentemente válido para uma realidade determinada; pois ainda que a empiria não represente todo o real, ela é importante e necessária ao trabalho teórico, por fornecer os dados no seu contexto histórico, na sua dinamicidade, na experiência sensível.

O segundo princípio que consideramos na relação da pesquisa com o conhecimento científico demonstra que, apesar de as finalidades não estabelecerem uma relação determinista com a pesquisa, elas estimulam o ritmo do seu movimento de acordo com as exigências temporais da sociedade. Atribuem a essa sentido compreensão que dão os matizes às experiências decorrentes do ato de pesquisar e da utilização do seu produto, ao mesmo tempo que se beneficiam das experiências.

Com o propósito de evitar qualquer compreensão unilateral sobre as relações estabelecidas entre as finalidades sociais da pesquisa com as experiências do pesquisador com esse processo é que julgamos conveniente mostrar, desde já, a importância das situações vivenciadas por esse sujeito para o ato de pesquisar. Tal necessidade deve-se ao fato de, ao analisarmos a literatura do Serviço Social e ao participarmos dos eventos científicos promovidos pela categoria profissional, comumente depararmo-nos com questões que atribuem pesos por vezes somente ao Estado, que por meio de uma política concentradora beneficia a pesquisa apenas para algumas áreas de conhecimentos, ou com outras que, ao não reconhecerem o potencial crítico-reflexivo e criador do Serviço Social, desconhecem a existência do estatuto de pesquisador para a profissão e as exigências endógenas criadas pelas necessidades históricas dessa, no seu fazer-se na sociedade; ou uma terceira vertente que atribui com pesadume à divisão do trabalho a responsabilidade pela escassez de pesquisas nessa área. Em todas, o que notamos é a eliminação da importância das ações dos agentes profissionais em favor da valorização das estruturas, da reiteração da ordem. É como se no Serviço Social existissem apenas atores que passivamente desempenham os papéis instituídos de acordo com a sua posição profissional e institucional. É resgatando a capacidade criadora existente no Serviço Social, é percebendo os múltiplos movimentos existentes no seu interior, os esforços e empenhos na construção do conhecimento, que atribuímos às experiências significado ímpar neste trabalho. Essas experiências transmitem o caráter ativo da profissão que, embora atuando numa estrutura já constituída e aparentemente dada, é capaz de identificar a importância da sua intervenção e a força das suas interações no cenário das lutas pela conquista de espaço, e também pela construção do conhecimento. É por isso que, no momento em que nos propomos a refletir sobre a pesquisa no Serviço Social, vemos como importantes as suas experiências nas estruturas dadas, ou seja, nas estruturas objetivas da sociedade, onde comumente se desenvolve a sua ação interventiva. É a partir dessas experiências objetivas que acreditamos encontrar os significados da prática de pesquisa para o Serviço Social e consequentemente os diferentes entendimentos sobre esse ato criativo e (re)construtor teórico da realidade.

Não se constitui, entretanto, para nós preocupação, apreendermos por meio dessas compreensões o desenvolvimento técnico e metodológico ocorrido no Serviço Social em relação à metodologia da pesquisa social, embora esses elementos estejam imbricados nas compreensões expressas e nas experiências de pesquisa dos sujeitos deste estudo. O que procuramos são respostas que nos possibilitem, no decorrer deste capítulo, desvendar os significados atribuídos à pesquisa a partir da sua compreensão no interior do Serviço Social,[4] bem como os seus significantes,[5] para então atingir-

---

4. Consideramos os significados importantes no contexto deste trabalho, por serem constituídos a partir da ação reflexiva do agente profissional.

5. Os significantes estão relacionados aos significados e expressam de forma mais rigorosa, no presente estudo, os sentidos da palavra pesquisa. Representam e procuram, além do sentido semântico do termo, a relação que liga esses sentidos às condições contextuais históricas, decorrentes dos fatores social, político, ideológico, econômico e religioso. É com o intuito de desvendar o entendimento sobre o nosso objeto que atribuímos importância à significância, pois essa consegue apreender por meio da interpretação a relação do sujeito com a exterioridade social, que por sua vez reconhece a sua legitimidade ou não institucional, profissional e científica.

mos, de forma reflexivo-crítica, outros significados presentes na produção do conhecimento, nas atitudes e no modo de agir do Serviço Social. Concordamos com certos linguistas quando eles afirmam não ser a linguagem um instrumento neutro, pois essa não se desvincula do contexto que a gerou, das instituições culturais, berço da socialização do homem. Sader (1991, p. 58) diz:

> Recorrendo à linguagem, como estrutura dada, para poder expressar-se, o sujeito se inscreve na tradição de toda sua cultura. Mas, nesse mesmo ato de expressar-se, operando um novo arranjo das significações instituídas, ele suscita novos significados.

É precisamente por isso que definimos a seguir esse caminho de busca...

Desvendando os significados da pesquisa no Serviço Social

Por vezes, os sentidos atribuídos à pesquisa, os objetivos colimados e as formas dadas ao seu desenvolvimento têm contribuído para o obscurecimento da importância da produção científica, não só no Serviço Social mas até mesmo nas diferentes ramificações das ciências. Não é raro encontrar pesquisas, sobretudo no meio acadêmico, que tratam de problemas remotos e são destituídas de interpretação mais ampla e acurada. Muitas são as que se voltam para a elaboração do conhecimento apenas como conhecimento, isto é, um conhecimento que vagueia pela realidade sem contudo dar conta dela no concretismo da sua história. Admitimos

---

Os significantes nos levam à apreensão da pesquisa na sua processualidade, tendo em vista não tomarem os diferentes fatores que a compõem de forma isolada.

que todas essas questões se relacionam aos significados e significantes da pesquisa e por isso estão imbricadas nas suas finalidades sociais. Como veremos no decorrer da análise, não temos como desconhecer essas relações, já que têm ressonância no Serviço Social com base até mesmo nos entendimentos da palavra *pesquisa* e da forma pela qual esse processo é concretizado. É bem verdade que essa constatação, a princípio, antecede este trabalho e foi formulada no percurso da nossa trajetória profissional, no âmbito das nossas experiências sociais. É por esta constatação encontrar-se presente sempre que evocamos os sentidos da pesquisa para o Serviço Social, é por se tratar de uma visão, inicialmente de caráter empírico, é por parar no âmbito da percepção e não conter sustentação teórico-metodológica que neste estudo a citada constatação representa o terceiro aspecto circunstancial motivador da análise da temática. Essa motivação fica mais presente à medida que não nos satisfazemos com o visível, o aparente, o senso comum e temos a necessidade aumentada de apreensão de um conhecimento consubstancializado a partir da pesquisa. Esse é mais um motivo por que fomos levados a dar concretude ao nosso desejo de pesquisar esse processo no Serviço Social.

Envolvidos pelo prazer do ato de conhecer construindo conhecimento e pela preocupação de desvendar a situação da pesquisa sem expurgar as diferenciações existentes no interior do Serviço Social, perguntamo-nos se essa situação está presente no Serviço Social e se podemos generalizá-la para o universo da profissão.[6] Porém, é na trajetória desse estudo, à medida que julgamos conveniente submeter a temática a algumas delimitações — que vão desde o sentido

---

6. Segundo informações obtidas junto ao Conselho Federal de Assistentes Sociais, CFAS, em 20 de fevereiro de 1992, o número de assistentes sociais existentes no País até 1989 era de aproximadamente 50.000, com uma estimativa de 65.000 para os primeiros anos da presente década.

epistemológico do termo *pesquisa*, que é "buscar com investigação" (Cunha, 1991, p. 600), sendo que investigação deriva do latim *investigatio-onis* e significa "seguir os vestígios de", "indagar" (Cunha, 1991, p. 444), até os parâmetros formais não positivistas[7] da metodologia da pesquisa social —, que, gradativamente, as respostas nos vão sendo apresentadas e tomam significado concreto nas próprias falas dos sujeitos quando interpelados sobre o que é pesquisa. Assim sendo, não é por acaso que temos a pesquisa como processo planejado, viabilizador da construção de conhecimentos legitimados, dentro da sua provisoriedade temporal, pelos meios acadêmico e institucional, sendo esse último o berço da prática profissional. É portanto dentro de uma intencionalidade consciente que colocamos como núcleo de nossa problemática a *pesquisa como experiência vivida pelo Serviço Social* e chamamos para a interlocução os sujeitos componentes da nossa amostra. As suas concepções, após aproximações que preservam fielmente os sentidos atribuídos à pesquisa, foram agrupadas em três blocos. O primeiro constitui-se das percepções que afirmam ser a pesquisa um processo. O segundo tem a pesquisa e a produção científica como uma conduta sistemática de olhar a realidade. O terceiro, sem perder a ideia de processualidade, contém as respostas que acreditam ser a pesquisa um instrumento mediador das relações sujeito-objeto. Como se pode notar a seguir, apesar das respostas estarem agrupadas dessa forma, não apresentam uma relação estratificante; pelo contrário, nos encaminham

---

7. Consideramos parâmetros não positivistas as orientações metodológicas viabilizadoras da pesquisa dialética, ou seja, da pesquisa em que o pesquisador e o pesquisado como sujeitos interagem por ocasião da construção de um conhecimento não dogmático, não limitado à observação e à explicação da relação causal entre os fenômenos. Apesar de serem parâmetros, não são limitadores da ação investigativa, pois essa se dá de acordo com a vontade do pesquisador, com os pressupostos teóricos por esse eleito e com os fins para os quais o conhecimento se volta.

1. Pesquisa como processo

Mesmo sem querermos nos comprometer com qualquer tipo de análise heurística, seja ela diacrônica ou sincrônica,[8] mas sem fugirmos dela e reconhecermos a sua importância, procuramos, neste item, analisar a pesquisa a partir dos significados e significantes do termo *processo*. Para tanto nos valemos de Thompson (1981, p. 82-117) quando esse, por meio de ferrenha crítica a Althusser, nos mostra a sua concepção de "estrutura e processo" e de "história como processo". Em ambos os casos tanto a estrutura como a história devem ser vistas como processo a partir da íntima relação dos múltiplos fatores: o político, o econômico, o cultural, o ideológico e até mesmo o religioso, e não isoladamente como observamos em muitas das produções analisadas. Para não obtermos uma visão setorizada e congelada sobre a realidade, devemos evitar ver a estrutura, a história e consequentemente a pesquisa, instrumento utilizado para as suas reconstruções teóricas, como fundamentadas e resultantes apenas de situações econômicas, políticas ou religiosas. Diferentemente do que podemos supor, qualquer objeto estudado tem de ser compreendido dentro da sua significância temporal. Para tanto são necessárias vigilâncias permanentes dos usuários da pesquisa,[9]

---

8. Consiste na análise dos sentidos da palavra num determinado estágio, não se preocupando, como a análise heurística diacrônica, com a sua fonte e evolução no tempo.

9. São usuários da pesquisa tanto o pesquisador que, por meio de procedimentos metodológicos e formulações reflexivas lógicas, elabora o conhecimento, como o que recorre a esses conhecimentos nas diferentes situações constitutivas das suas experiências sociais.

no sentido de identificar o que representam, em dado momento, as demandas sociais de determinados tipos de conhecimento e até que ponto eles mesmos como sujeitos do processo reconhecem que, por mais profundo e "totalizante"[10] se apresente esse processo, o seu produto "[...] o conhecimento, nunca será, não importa em quantos milhares de anos, senão aproximado. Se tem pretensões de ser uma ciência precisa" — aqui Thompson se refere à História —, "estas são totalmente espúrias. Mas [...] seu conhecimento continua sendo um conhecimento, e é alcançado por meio de seus próprios procedimentos de lógica histórica, seu próprio discurso da comprovação" (Thompson, 1981, p. 83).

Ora, se estrutura e história como processo têm validade temporal, resultam de escolhas, lutas humanas e não do senso comum, e se pesquisa é um processo histórico que constrói conhecimentos não ortodoxos, como veremos no decorrer de nossa análise, fica subentendido que também a pesquisa resulta da escolha, empenho e labuta existentes no interior do Serviço Social, no sentido de construir o conhecimento. Mas para que a pesquisa seja de fato vivenciada como processo, faz-se necessária a eliminação dos estertorantes nós teóricos presentes no Serviço Social, tanto quando esta prática social se fundamenta teoricamente em concepções positivistas, como quando, com base no estruturalismo de Althusser, acredita poder se aproximar do materialismo histórico.[11] Tais perspectivas, ao impedir a liberdade de movimento da pesquisa, conduzem a explicações que, embora teoricamente elaboradas, são vazias e inconsistentes tanto do ponto de vista dos procedimentos lógicos da própria

---

10. Percebe-se em E. P. Thompson certa resistência à terminologia *totalidade*, usada pelo materialismo histórico, por levar a uma visão unitarista que a todo custo procura eliminar as "premissas isoladoras" sobre a realidade.

11. Observamos, entretanto, a presença desses nós em outras práticas fundamentadas em diferentes posturas teóricas.

pesquisa quanto da fundamentação empírica com a qual acreditam estar esse procedimento relacionado. Não é preciso muito esforço para percebermos as marcas de ambas na vida do Serviço Social, pois muitas vezes têm se entrelaçado, provocando confusões teóricas que dão matizes fortes ao seu modo de ser e de aparecer na nossa sociedade. Um exemplo que consideramos plausível para ilustrar a ilibada pretensão do Serviço Social de se fundamentar teoricamente nessas perspectivas encontra-se nas primeiras produções teóricas e nas que se estendem até aproximadamente meados da década de 1980. Por estarem calcadas, na sua maioria, no sistema de Parsons que, de acordo com Thompson (1981, p. 88), conseguiu descobrir "[...] até o segredo do moto-perpétuo", acreditam que os homens e as mulheres têm atitudes neutras e por isso são facilmente submetidos à inexorável vontade do processo social. A outra influência que enfraquece a natureza processual-temporal da pesquisa, e que se constituiu o *dernier cri* do Serviço Social até a primeira metade da década de 1980, é a que dá ao conhecimento uma conotação estrutural ao ponto de atribuir às estruturas força absoluta e de ignorar qualquer sentido das "lutas humanas". Como a anterior, o estruturalismo também faz transmutação dos sujeitos em objetos e dos objetos em sujeitos.[12] Com essas características se encontram, com raras exceções, os trabalhos produzidos nos anos 1980,[13] pois foram elaborados a partir

---

12. Essa inversão nos faz lembrar a velha lógica hegeliana que apresenta a supremacia do espírito sobre o homem. Embora se constatem no meio dos filósofos modernos tentativas de desvencilhamento das influências da filosofia idealista alemã, e aqui citamos os componentes do movimento conhecido como esquerda hegeliana, os irmãos Bauer (Bruno e Edgar), Arnold Ruge, David Straus, continuam em sua essência presos às ideias de que o espírito está em tudo e a razão é absoluta. Assim sendo, a visão anterior subjaz aos questionamentos, o que faz pensar que a absolutização do espírito mudou apenas de roupagem e de endereço.

13. Ao analisarmos a literatura do Serviço Social produzida nos primeiros anos de 1980, podemos constatar uma intercorrência de influências do sistema parsonia-

de uma análise estratificadora do homem e da utilização de categorias fechadas como infraestrutura e macroestrutura. Embora trabalhando com o conceito de classe social, esse sofre um viés que se afasta fundamentalmente da teoria marxiana, por retirar dela todo o espírito de luta e colocá-la passivamente sob jugo de estruturas e sistemas sociais autorreguladores. Dessa forma não dá para estranhar e nem acreditar que foi por acaso que muitas das pesquisas desse período, apesar de lembrarem fatos históricos, apenas vaguearam pela história, e história como passado, perdendo-se no caminho o sujeito, e até mesmo o autor da ação investigativa. Assim como em Althusser, o Serviço Social consegue expurgar, por meio das suas epopeias teóricas, o homem como ser ativo, e elaborar verdadeiros tratados teológicos sobre as suas experiências.

Apesar de os sujeitos estudados serem autores de muitas dessas produções, principalmente das que em nome do marxismo fazem incursões pelo estruturalismo althusseriano, notamos por meio das suas concepções que a força "esclerosante" da pesquisa e do produto dela resultante perdeu a sua densidade e até mesmo esvaiu-se, para a grande maioria dos entrevistados. Isso ocorreu, segundo o fragmento *A*,[14]

> Quando fiz mestrado, não tinha muito claro, ainda, o que era positivismo, estruturalismo e materialismo histórico-dialético. Como sou uma pessoa que tem sede de conhecimentos, tem curiosidade sobre as coisas e sempre quer mais..., passei a me

---

no com o estruturalismo althusseriano e com o materialismo histórico-dialético; esse último, por volta de 1984, desponta de forma mais sistemática, embora ainda com certas confusões não só teóricas mas também metodológicas.

14. Por respeito à solicitação de alguns dos nossos entrevistados que não gostariam de ser identificados, não citaremos nomes. Entretanto procuraremos ser fiéis ao apresentar as suas respostas, sejam as obtidas por meio do questionário ou da entrevista, para que todos que conosco colaboraram possam, sem serem identificados, reconhecer-se nesse trabalho.

sentir, logo após a defesa da minha dissertação, insatisfeita com a minha própria produção. Percebi que o produto do meu trabalho, embora recentemente elaborado, já não atendia, ou melhor, não respondia aos meus anseios e aos da categoria. Sem desanimar e sem diminuir o valor do trabalho, que foi elaborado com seriedade e empenho, apesar de hoje percebê-lo como eclético, procurei estudar mais e de forma crítica essas correntes. Agora, quando me perguntas sobre o meu entendimento de pesquisa, não tenho como não me lembrar da minha própria experiência de pesquisadora e te dizer que ela é algo muito dinâmico...

À medida que o pesquisador coloca *em xeque* as suas produções, os seus conhecimentos, como fez a entrevistada *A*, percebe "que o produto do meu trabalho, embora recentemente elaborado, já não atendia, ou melhor, não respondia aos meus anseios e aos da categoria", e adota uma postura crítica e questionadora sobre os paradigmas vigentes nas Ciências Sociais: "Procurei estudar mais essas correntes". Não só se transforma, mas concomitantemente altera tudo que produz. Pelo que nos parece, a razão é simples. Ao passar a encarar a pesquisa sob uma nova ótica, como um procedimento vivo capaz de possibilitar o desvendamento das mais variadas situações e das mais diferentes formas, o entrevistado não mais percebe o conhecimento como um produto estagnado, infinitamente válido por não importar o tempo e o lugar da sua produção. Mas passa a vê-lo como decorrente de um processo dinâmico que, impulsionado por movimentações dialéticas pertinentes e estimuladoras do motor da história, transforma-se permanentemente. Por esse motivo, não permite que os procedimentos, os produtos do ato de conhecer fiquem estagnados no tempo. "Sem [...] desanimar e sem diminuir o valor do trabalho que foi elaborado com seriedade e empenho", procura evitar condutas que a todo custo tentam aprisionar a realidade, o objeto investigado em categorias fechadas, estereotipadas por conceitos iluminados e limitantes, negligenciadores da ambivalência da presença humana por ocasião da pesquisa, ou seja, o homem como sujeito e objeto do conhecimento. Foi graças às transformações dos sujeitos estudados, a partir das suas experiências como pesquisadores, em relação aos entendimentos de pesquisa, que hoje podemos apreender no interior do Serviço Social as duas naturezas da pesquisa como processo: a *temporal* e a *intelectual-instrumental-metodológica*.

A primeira, como o próprio nome já nos diz, é de validade temporal, encontra-se ligada à significância real,[15] tendo em vista que os fatores nela contidos são influenciadores/resultantes da escolha e definição da temática problematizada na pesquisa; esses fatores são estimuladores do empenho do pesquisador do Serviço Social não só em atender às exigências acadêmicas[16] mas também em lutar pela conquista de espaço para a pesquisa, elemento facilitador da fuga da trama institucional determinante de um cotidiano profissional voltado, em alguns casos, apenas para a prestação de serviços. E são igualmente estimuladores do esforço pelo reconhecimento, até mesmo no âmbito do Serviço Social, do estatuto de pesquisador para a área. À medida que o Serviço Social fica vigilante às demandas sociais de hoje, já que não são as mesmas de ontem, transforma o seu modo de ser e aparecer não numa ladainha justificadora — que em movimentos circulares só consegue reafirmar os feitos e os idos de sistemas sociais anteriores, e que por isso nunca rompem com as situações conservadoras — mas sim num conhecimento resultante e subsidiário da sua existência, para dessa

---

15. Interpretação dada à pesquisa a partir das suas características concretas.

16. Desenvolveremos esse aspecto no Capítulo III deste trabalho, ocasião em que refletiremos sobre "a sazonalidade da produção da pesquisa no Serviço Social; determinantes e consequências".

forma avançar em passos largos como os da sociedade.[17] E então, sem a magia do método científico, sem a volúpia geralmente provocada pela segurança proveniente da certeza da aprovação do já dito e elaborado, mas, numa postura de vanguarda que só se vê fazendo, se construindo num ato criador constante e desafiador da sua própria razão de ser inacabado, é que a pesquisa tem a sua lógica temporal desvendada. Mas essa lógica não é apreendida por meio do desvelamento, pois as questões que a ela se põem determinando o (re)pensar, o (re)definir e o construir histórico das categorias só são percebidas pelos que veem a pesquisa como processo. É como processo que se desenvolve a partir de um movimento infindável dotado de lógica racional que vemos a provisoriedade histórica da pesquisa. É a partir da percepção dessa natureza que observamos ser todo o conhecimento dogmático um engodo que, embora já tenha conseguido um grande número de súditos, tem sofrido nos últimos anos uma diminuição de seus adeptos, o que vem demonstrar as dificuldades, hoje, da sedução com as suas vestes *soberanas* e reluzentes da mais *pura e imaculada* beleza. Essa evidência é que não deixa o pesquisador parar, pois sempre está a impeli-lo na direção que leva ao aprofundamento dos conhecimentos anteriores e à elaboração de novos conhecimentos. Isso nos pareceu claro na fala *A*, "ela é algo muito dinâmico..."

---

17. Com isso não queremos dizer que o conhecimento se desenvolve concomitantemente a toda e qualquer transformação da sociedade, pois essa, influenciada por fatores estruturais, está sempre a criar necessidades que lhe são importantes num dado momento, inclusive o conhecimento. Por essa razão, dependendo das finalidades sociais da pesquisa, ela pode se apresentar numa posição de retaguarda do fluxo da sociedade, e em outros momentos adotar uma postura de vanguarda. Mas essa não é uma situação geral às pesquisas nas diferentes áreas, pois o que percebemos, com exceção das pesquisas industriais e tecnológicas, é que a maioria das pesquisas nas Ciências Sociais anda na retaguarda, ora explicando, ora justificando determinadas situações já vivenciadas por estes ou aqueles grupos sociais. Imaginemos, então, as do Serviço Social...

que se verifica não no mundo dos anjos, mas sim na realidade concreta dos homens, no dia a dia do pesquisador, no seu construir-se permanente como sujeito histórico. Por isso a pesquisa não ocorre no espaço, se contextualiza no tempo e no local do seu desenvolvimento. É por esse motivo que guarda no seu interior uma relação simbiótica inversamente proporcional com o seu produtor, do qual provêm não somente as expressões intelectuais singulares, mas também as características particulares que foram atribuídas a esse sujeito pela cultura, na sua dimensão maior, útero da sua fecundação e desenvolvimento.

Procuramos mostrar que a natureza temporal da pesquisa é dotada de *significância real* influenciadora e resultante de todas as definições e procedimentos que envolvem os elementos constitutivos do ato de pesquisar. Contém *características contextuais* que dão a dimensão representativa da pesquisa tanto no que se refere à sua relevância social, que por sua vez está intimamente relacionada às finalidades sociais, como no que apreende a pesquisa como um *processo histórico*, que dá conta da importância temporal, local do conhecimento e da sua representatividade como *prática concreta*. Por se tratar de prática concreta, a relação entre pesquisador e objeto é muito íntima, pois concomitantemente à estimulação recíproca, ambos se transformam provocando influências que ficarão imbricadas definitivamente no conhecimento. Assim sendo, a produção do conhecimento é permeada pelas experiências intelectuais, principalmente particulares, dos seus autores, o que tira dela qualquer conotação de neutralidade.

Não chegaríamos a dizer que essa natureza é de clara visibilidade no Serviço Social, pois são muitas as compreensões e divergências em relação à pesquisa no seu interior. São muitos os esforços que, às vezes, até bem intencionados, não levam em conta a temporalidade e contextualidade do conhecimento, e que, por isso, consciente ou inconscientemente, veem o conhecimento, as teorias, os métodos de forma ortodoxa. Porém, o que comprovamos, pelo menos junto à maioria dos pesquisadores por nós estudados, é que a desvinculação do sujeito pesquisador da sua produção é inadmissível, por se tratar de uma relação importante, orgânica e necessária, por conseguinte indissociável entre esses elementos. Comprovemos essa afirmativa por meio da manifestação *B*:

> Não só a pesquisa mas a produção científica de um modo geral mantém íntima relação com a história de vida individual, profissional, social e política do agente pesquisador, que, por estar inserido num contexto social mais amplo, guarda, nas suas experiências, influências que incidem diretamente na sua forma de construir e olhar o objeto. Consequentemente, o objeto é construído a partir da visão de mundo que o pesquisador adota.

Apesar de apresentado de forma diferente, esse entendimento não só reafirma a significância real da pesquisa como também amplia o próprio entendimento dessa natureza. Expressa a impossibilidade da neutralidade do conhecimento científico, ao mesmo tempo em que nos demonstra a importância das *experiências sociais* do pesquisador para esse tipo de produção e, ainda as marcas dessas influências no produto resultante. Embora, muitas vezes, banida do nosso linguajar técnico-científico, das nossas elaborações teóricas, e até mesmo, por paradoxal que se apresente, do nosso agir profissional — por ser considerado vulgar e enquadrado no empirismo —, não temos como negar a importância das experiências sociais no contexto deste trabalho, pois dois elementos nos sustentam.

Um é o universo teórico que subsidia as nossas reflexões, quando encontramos neste a afirmativa que nos diz que os homens e mulheres também retornam como sujeitos, dentro deste termo — não como sujeitos autônomos, indivíduos livres, mas como pessoas que experimentam suas situações e relações produtivas determinadas como necessidades e interesse e como antagonismo, e, em seguida, "tratam" essa experiência em sua consciência e cultura (Thompson, 1981, p. 182).

O outro ponto de sustentação são as falas dos próprios sujeitos da pesquisa, que agora, desvencilhados de concepções estruturais e superando "alguns dos silêncios" de Marx,[18] apontam a sua importância quando afirmam, conforme o que nos diz C: "A pesquisa é fruto de experiências pessoais, profissionais e também políticas do pesquisador que elabora a sua produção sob determinada visão de mundo".

Consideramos a visibilidade dessa terminologia no interior da prática investigativa como um passo importante do Serviço Social, não só por dar a esse processo uma conotação mais concreta e de factível realização no dia a dia da profissão, como também por viabilizar o resgate da prática de pesquisa do anfiteatro geralmente ocupado por uma elite intelectualizada, que por meio de formulações teóricas gestadas, algumas vezes, apenas a partir de pensamentos iluminados, está deslocada da práxis social.[19] No momento em que levamos em

---

18. Vários são os estudos que falam do "silêncio" de Marx em relação às experiências sociais. Entre eles lembramos os trabalhos de Weil (1979), e o de Thompson (1981). Neste percebemos que a não recorrência por Marx à experiência não deve ser entendida como falta de rigor ou até mesmo "incapacidade de teorizar plenamente seus próprios conceitos", como afirmam os idealistas, mas como uma despreocupação desse filósofo em elaborar uma teoria perfeita, acabada. Pois se assim tivesse procedido, provavelmente, hoje, a sua obra estaria ladeando muitas outras "[...] nas bancas de liquidação". Afirma ainda que, "se Marx tivesse realmente criado uma teoria assim", aqui se referindo a uma "teoria perfeita, totalizada", "magnificamente costurada", ela já estaria no balcão das pechinchas, juntamente com a de Spencer, Dühring e Comte, de onde seria resgatada por alguma estudante em busca de um material bizarro para costurar sobre seus jeans de doutorado (Thompson, 1981, p. 183).

19. Como diz Kosik (1989, p. 202), "práxis na sua essência e universalidade é a revelação do segredo do homem como ser ontocriativo, como ser que cria a reali-

consideração as práticas sociais dos sujeitos sociais, em que nos preocupamos com as suas experiências, constatamos, como afirma o entrevistado *B*, que "não só a pesquisa mas a produção científica de um modo geral mantém íntima relação" e aqui nos referimos especialmente ao pesquisador "com a história de vida individual [...]". Mas, a pesquisa, o conhecimento dela decorrente não só representam as inquietações do pesquisador na sua singularidade, como bem nos coloca *B*, mas são também, como afirma esse mesmo sujeito, representantes das condições "[...] profissional, social e política do agente pesquisador que por estar inserido num contexto social mais amplo guarda nas suas experiências influências que incidem diretamente na sua forma de construir e olhar o objeto".

Em síntese, podemos dizer que não temos como desprezar a importância de fatores exteriores ao pesquisador que, pela sua significância real, exercem influências sobre esse por ocasião da construção do objeto. Como bem colocou o mesmo sujeito, "[...] o objeto é construído a partir da visão de mundo que o pesquisador adota". Gostaríamos de acrescentar apenas uma palavra a esse fragmento, "construído" no nível teórico, pois sabemos que o objeto, como realidade concreta, existe independente do ato especulativo do pesquisador. A pesquisa não reduz a realidade em conhecimento, pois essa continua sendo realidade, mesmo depois de sua problematização e explicação teórica, até quando é limitada para estudo, pois o que sobra é ainda realidade constituída como processo. A partir da clara visibilidade dos elementos do ato de pesquisar, podemos perceber que esses, como práxis, constituem o tônus representativo das inquietações sociais refletidas nas políticas estatais. Pelo que nos parece, esse é mais um ponto fundamen-

---

dade (humano-social) e que, portanto, compreende a realidade (humana e não humana, a realidade na sua totalidade). A práxis do homem não é atividade prática contraposta à teoria; é determinação da existência humana como elaboração da realidade".

tal a ser considerado pela pesquisa no Serviço Social. Dependendo da sua identificação com setores da sociedade, e essa não é uma situação específica do Serviço Social, o conhecimento ou pode ser favorável e reafirmar o poder instituído, ou pode ser desvendador das situações conflituosas existentes nas relações sociais, muitas vezes camufladas pelas políticas do governo concretizadas pelos programas assistenciais. Políticas que, embora cunhadas com os símbolos do social, apresentam características antissociais, que algumas vezes provocam corrosão em setores da sociedade. Empiricamente essas corrosões podem ser percebidas pelo arrocho salarial, aceleração do aumento das taxas de desemprego, mortalidade infantil e adulta,[20] precariedade dos serviços de saúde pública, déficit habitacional e ineficiência do sistema educacional.

Ora, se a natureza temporal da pesquisa é tônus representativo da práxis social, que por sua vez se constitui dialeticamente, fica, pelo que nos parece evidenciado, que, em sua essência, é dessa natureza que decorre o elemento representativo da provisoriedade do conhecimento teórico sobre a realidade, ou seja, é ela que, ao se constituir historicamente, representa e atribui parcialidade ao conhecimento, apesar da aceitabilidade que lhe é atribuída por ocasião da sua elaboração. É devido a essa sustentação singular que a pesquisa produz conhecimentos que podem ser válidos apenas para uma determinada época e contexto. Por isso é enganoso

---

20. Apesar da precária condição de vida de grande contingente da população deste país, os últimos estudos médicos demonstram que não só a população dos países desenvolvidos, mas também a do Terceiro Mundo, como é o caso do Brasil, tem a partir da década de 1950 aumentando a longevidade. Isso se deve a vários fatores, entre eles o progresso médico-tecnológico, melhoria nutricional, melhoria da higiene pessoal e das condições sanitárias etc. Mas é conveniente chamarmos a atenção para a diferença entre a expectativa de vida dos brasileiros ricos e pobres, que varia em média quinze anos, o que bem reflete a divisão social e econômica entre as classes aqui existentes. Dentre os vários estudos sobre o crescimento da população idosa no Brasil citamos o de Kalach, Veras e Ramos (1987, p. 200-33).

qualquer tipo de conhecimento considerado como verdade absoluta, como dogma, pois pela sua própria natureza temporal, a pesquisa é inviabilizada de construir um saber centrado num estado de ubiquidade, que possa ser válido em qualquer tempo e lugar.

Por outro lado, não podemos negar e desconhecer a força dessas concepções que desafiam o caráter temporal da pesquisa, à medida que defendem a validade de conhecimentos eternos. Segundo essas, a validade perene do conhecimento é resultante da utilização de conceitos tidos como universais, da forma rígida pela qual é elaborado, e aqui se referindo à postura metodológica, e da sustentação teórica em conhecimentos que já tiveram comprovada a sua validade universal. Mas será que isso não é um engano até no campo das Ciências da Natureza?[21] Será que essa forma de conceber tem lugar comum no planetário das Ciências? Pelo que aqui já colocamos, não, pois nas Ciências Sociais, por que não dizer mesmo nas Ciências Humanas de um modo geral, isso é impossível, não por estarem malformulados, mas por se relacionarem a situações que dizem respeito ao homem no seu fazer-se histórico. É por isso que, ao tomarmos essas considerações para análise e ao trazê-las para o contexto das nossas práticas profissionais, percebemos que as possibilidades de o Serviço Social dar um salto qualitativo, no que se relaciona à produção do conhecimento, estão em saber aproveitar as crises, as dificuldades com as quais se depara no

---

21. Isso nos faz lembrar novamente de Thompson (1981, p. 126) ao afirmar que a teoria tem que interrogar as evidências da pesquisa e de outras teorias, pois "a prática teórica que rejeita o primeiro procedimento ("o empirismo") e reduz o segundo a uma caricatura, ao medir todas as outras posições pelo confronto com a sua própria ortodoxia preestabelecida, não prova coisa nenhuma, exceto a autoestima de seus autores". Com raras exceções, os trabalhos produzidos na década de 1980, e aqui se encontra inclusive nossa dissertação de mestrado, quando utilizaram a base empírica não aprisionaram-na numa teoria "teorizada", mas viabilizaram o diálogo desta com a teoria de forma "teorizante", como orienta Severino, in Fazenda, 1994.

exercício institucional, para a partir delas desenvolver uma ação elaborativa teórica, viabilizadora de novas direções da ação real, de novas formas de prática social. Não resta dúvida de que é uma tarefa desafiante que requer liberação de capacidade criadora fundamentalmente crítica e enraizada nas questões sociais provocadoras das demandas ao Serviço Social. Mas tudo isso são forças potenciais existentes no seu interior que precisam apenas ser trabalhadas e concebidas como parte da práxis social.

Sem considerarmos a questão da temporalidade da pesquisa encerrada neste estudo, já que estará de uma forma ou de outra sempre presente nas nossas reflexões, passaremos a seguir à sua natureza *intelectual-instrumental-metodológica*. Essa, na sua aparência, constitui-se de três elementos que, dependendo do entendimento de pesquisa adotado pelo pesquisador, podem ser vistos de forma isolada ou intimamente relacionados. É claro que nos colocamos na segunda alternativa, pois embora enfatizando em alguns momentos um aspecto ou outro, esses, na operacionalização do processo, não podem ser vistos fora das múltiplas intersecções axiais da pesquisa dialética. Vejamos o porquê dessa inter-relação a partir de um dos termos, o *intelectual*. Antes, porém, apontamos algumas restrições a essa palavra em decorrência das conotações pejorativas que lhe foram atribuídas ao longo dos tempos, e a sua consequente coibição na literatura mais "progressista" das Ciências Sociais.

Rastreando o pensamento de alguns filósofos influenciadores dessas ciências, e do próprio Serviço Social, percebemos que, por exemplo, para Marx e Engels existem dois tipos de intelectual,[22] o *conservador* que forma um grupo

---

22. Embora Marx e Engels (1975 e 1977) não façam uso da terminologia *intelectual*, pois essa é expressada no marxismo a partir dos trabalhos de Gramsci (1979), aqui a empregamos, por melhor representar no momento o nosso pensamento.

numeroso e se comporta como um casulo a proteger as convicções que beneficiam principalmente os interesses das classes dominantes da sociedade, e o *progressista*. Ambos são considerados prejudiciais ao desenvolvimento da humanidade de um modo geral, das classes para as quais o conhecimento se destina e até mesmo para os próprios realizadores do projeto intelectual, devido ao distanciamento do real provocado pela divisão do trabalho. Isto é, pela divisão do trabalho ocorre um rompimento entre trabalho intelectual e manual, que revalida a separação entre teoria e prática, tão bem formalizada pelas ciências ditas burguesas. Em muitas passagens de suas obras, Marx e Engels, especialmente o primeiro, com o seu estilo peculiar de criticar os seus interlocutores ligados ao socialismo alemão, acusa os intelectuais de manipuladores das palavras para transformar em abstrações sem sentido, em formulações fantasiosas o pensamento da época. Claramente, tanto Marx como Engels demonstram temer que o movimento operário fosse prejudicado por orientações de má-fé. É de fato uma preocupação pertinente, diante de um quadro tão abrangente de intelectuais conservadores que existia no século anterior. Mas como eles próprios identificaram, existem os progressistas, que edificam *praticamente* a sociedade e não apenas escrevem e falam sobre ela.

Na Europa Ocidental, é em Gramsci que vamos vislumbrar a possibilidade de um outro tipo de intelectual, o que sai das próprias fileiras da classe trabalhadora, o intelectual orgânico. Esse, longe de se julgar pertencente a um grupo com características bem diferenciadas da sociedade, como os elaboradores da filosofia idealista, está a ela ligado organicamente.

Não podemos dizer que Gramsci foi o único estudioso que identificou no Ocidente outro tipo de intelectual, pois no Brasil, a partir da segunda metade do presente século, temos constatado a atenção de seguidores do marxismo e de outras tendências teóricas decorrentes e dissidentes desse com a produção do conhecimento, ao ponto de ver que essa merece atenção tanto quanto a voltada para a satisfação dos interesses materiais mais imediatos. Assim a natureza intelectual-instrumental-metodológica, nessa perspectiva, tem características peculiares que bem a diferenciam da perspectiva tradicional, pois requer um determinado tipo de intelectual que, ao se constituir como sujeito, constrói uma identidade a partir de interações processuais com outros sujeitos em posições diferenciadas e mutáveis com os acontecimentos, ou, como diz Cornelius Castoriadis, ao fazer oposição entre autonomia e alienação.

> Não é o sujeito-atividade pura, sem entrave nem inércia, esse fogo-fátuo dos filósofos subjetivistas, essa flama independente de qualquer suporte, liame e alimento. Esta atividade do sujeito que "trabalha sobre si mesmo" encontra como seu objeto a multidão de conteúdos (o discurso do Outro) com a qual ela nunca terminou de se haver; e sem esse objeto ela simplesmente não é. O sujeito é também atividade, mas a atividade é atividade sobre alguma coisa, do contrário ela não é nada. Ela é pois codeterminada por aquilo que ela se dá como objeto (1985, p. 127).

Ao vermos o intelectual como sujeito, e esse ao se constituir sujeito que encontra no *"discurso do outro"* o caminho para o seu vir a ser e sem o qual não é e jamais chegará a ser sujeito histórico, é que consideramos essa natureza a bússola da pesquisa por apreender na sua interioridade a inseparável e recíproca relação entre o sujeito e o objeto. Essa ineliminável relação, no caso do Serviço Social, é representada e se formula por inquietações exógenas, lembradas anteriormente, como também das endógenas decorrentes da necessidade da operacionalização de procedimentos técnicos qualificados, tanto para as práticas tidas como "eficientes" e polivalentes como para as práticas críticas e comprometidas com a práxis social. O Serviço Social quando atua numa perspectiva de práxis se movimenta de forma crítica, sem mistificação e fetichismo, à medida que expõe a percepção da prática social adotada e as tarefas propostas e que realiza, nas diferentes conjunturas do país nas quais é chamado a intervir. Assim sendo, são retiradas dessa natureza as manifestações que demonstram a pesquisa como a única habitante na terra de ninguém, como um trabalho realizado pelo espírito criador de Hegel ou por um eremita. Mas "ela é, pois, codeterminada por aquilo que ela se dá como objeto" (Castoriadis, 1985, p. 127).

Esses aspectos relacionados à natureza intelectual-instrumental-metodológica não nos pareceram claros para o universo da nossa pesquisa, o que nos indica um contrassenso ao próprio entendimento de pesquisa como processo, apresentado no início deste capítulo. Alguns entrevistados acreditam na possibilidade de pesquisas autônomas, descontaminadas de influências externas, mesmo que essas venham do pesquisador. Não só justificam mas se empenham nas suas produções em defender a "neutralidade científica", pois consideram inquebrantável sua manifestação em qualquer situação da atividade humana relativa à construção do conhecimento. Assim, o entrevistado *D* exprimiu a esse respeito: "Pesquisa é um procedimento calcado em princípios rígidos que evitam qualquer manifestação subjetiva do pesquisador, pois esse tem que seguir normas metodológicas que o empurram para a objetividade. Por isso é que tanto faz a pesquisa ser feita aqui (frisou o nome do Estado em que reside) como em qualquer parte do mundo".

No momento em que aprisionamos a pesquisa a princípios metodológicos rígidos, esquecemo-nos pelo menos de um aspecto que nos parece fundamental para a postura dialética, o aspecto que mostra a pesquisa relacionada ao seu produtor. Mais uma vez julgamos importante trazer para o palco das nossas reflexões parte do fragmento de uma outra entrevista, a do sujeito *E* que, apesar de suas limitações, não apresenta a pecha restritiva da colocação anterior. Aparentemente as falas têm similitudes por reconhecerem a pesquisa como "[...] um trabalho metódico, sistemático", o que consideramos correto com base no que neste trabalho já apresentamos, mas, ao mesmo tempo, o sujeito *E* se distancia de *D* ao afirmar "que a busca da compreensão da realidade na sua complexidade", está relacionada com quem a realiza, pois "[...] a escolha da temática a ser investigada, o referencial teórico que subsidia a sua perspectiva em relação ao problema por sua vez aponta qual o melhor procedimento metodológico a ser adotado na busca da compreensão da realidade na sua complexidade".

Enquanto o sujeito *D* acredita que os "princípios rígidos" da metodologia descontaminam o pesquisador de qualquer influência subjetiva e vê a objetividade como sinônimo de neutralidade, o sujeito *E*, embora reconheça a importância da sistematização — "[...] o melhor procedimento metodológico a ser adotado na busca da compreensão da realidade na sua complexidade" —, é capaz de ver a existência das significâncias das determinações que, mesmo sendo a realidade como objeto dado, estão presentes no objeto de investigação influenciando o pesquisador em todos os aspectos relativos ao desvendamento do real na sua manifestação histórica. Como podemos notar, a preocupação com as manifestações subjetivas retira do sujeito-intelectual a sinergia que o configura como sujeito histórico-científico que, embora como tal seja único na sua forma de aparecer, tenha o seu ser construído na coletividade. Queiroz (1992, p. 13) diz "[...] o ser pensante é sempre único, sua individualidade é patente; seu modo de conhecer e, portanto, sua imaginação, sua interpretação, seu julgamento de valor são, sem dúvida, inteiramente pessoais". De forma semelhante também se expressa o pesquisado *F*: "A produção de cada um leva a marca de seu autor e só poderia ter sido produzida por ele. A relação é pessoal e intransferível".

Entendimentos como esses nos mostram convivências, no interior do Serviço Social, de pontos de vista antagônicos que, longe de darem à profissão um caráter retrógrado em relação a outras disciplinas das Ciências Sociais, demonstram a necessidade da ampliação do debate relativo às novas propostas metodológicas e paradigmas presentes na construção do conhecimento contemporâneo em nossa área, no qual fique esclarecido que não é a exclusão de um procedimento sistemático na pesquisa que vai transformá-la em um procedimento dialético, bem como nenhum instrumental metodológico é capaz de viabilizar um conhecimento neutro, impeditivo de "qualquer manifestação subjetiva do pesquisador", como acredita ser possível o sujeito *D*.

Ao nos reportarmos, novamente, a Maria Isaura Pereira Queiroz, podemos perceber as limitações dessa concepção em relação ao depoimento de *E* e *F*, e o quanto o positivismo marcou o Serviço Social, mesmo quando este, a partir de 1980, se vê bombardeado por influências marxistas. Em contrapartida também verificamos que, como as Ciências Sociais, o Serviço Social tem desenvolvido esforços no sentido de ampliar os seus horizontes em relação ao entendimento de pesquisa e, logicamente, a todas as questões que lhe dizem respeito, pois a maioria dos pesquisadores já percebe que

> Mesmo quando inova, suas criações estão delimitadas pelo que neles existe. Todo indivíduo encerra uma parte que é particularmente sua e uma parte que lhe foi insuflada pelo seu meio; partes que sempre se interpenetram, mas que ora estão em harmonia, ora em oposição. A existência desta associação fundamental entre objetividade e subjetividade foi

PESQUISA EM SERVIÇO SOCIAL

durante muito tempo desconhecida; supunha-se, isto sim, que eram contraditórias, tão incompatíveis que, em surgindo uma, a outra se apagava (Queiroz, 1992, p. 13).

As relações entre pesquisa/tempo e pesquisa/intelectual-instrumental-metodológica não são nem diretas nem mecânicas, pois se efetivam por mediações de muitas variações contidas nas experiências do pesquisador. Por isso, ambas as naturezas da pesquisa são relativas, se entrecruzam de várias maneiras no processo de construção do conhecimento e são dependentes entre si. Em consequência disso é que, embora essa natureza, a intelectual-instrumental-metodológica, tenha características diferentes da temporal, guarda com essa uma relação íntima, nós diríamos mesmo insecável, pela impossibilidade de se manterem separadamente, de não se influenciarem mutuamente. Por esse motivo é que muitas das colocações aqui feitas se cruzam com frequência, o que poderá causar a impressão de repetições desnecessárias. Mas, mesmo correndo esse risco, não iremos solapar qualquer fragmento das falas dos entrevistados, qualquer análise que possa representar melhor o dinamismo das relações recíprocas entre essas duas naturezas da pesquisa.

Todas essas considerações nos encaminham para um único ponto — o conhecimento decorrente desse processo é inesgotável e por isso mesmo apresenta-se acabado apenas na sua provisoriedade histórica. Com isso queremos infirmar, mais uma vez, qualquer compreensão dogmática de conhecimento. As características socioculturais nele contidas não só demonstram os condicionantes temporais que envolvem o objeto de estudo mas também os que influenciam o pesquisador; entre outras coisas, citamos a formação teórica do Serviço Social.[23]

---

23. Anteriormente já falamos da importância das experiências sociais, políticas, religiosas do pesquisador sobre a pesquisa, agora lembramos da formação teórica

É dentro desse dimensionamento que acreditamos não bastar a percepção de fatos, a visualização de aspectos de uma determinada prática social para que essa seja apreendida na sua realidade concreta. Para conhecê-la, necessária se faz a adoção de procedimentos sistematizados, capazes de reproduzir teoricamente um conhecimento já produzido pelas experiências sociais. Por conseguinte, a pesquisa é um processo que se desenvolve em dois sentidos e implica a existência de movimentos dialéticos. O primeiro parte do planejamento e elaboração de um conhecimento necessário para monitorização da prática profissional, ao mesmo tempo em que dessa prática se beneficia. Quando a pesquisa é concebida apenas nessa direção, sem que seja percebida a dinamicidade e a relação de forças existentes no seu interior, o conhecimento dela resultante assume valor instrumental para uma prática profissional considerada competente. Por isso é que vemos a importância e a indispensabilidade da apreensão desse processo a partir das práticas sociais do Serviço Social. Como podemos notar, ambos os movimentos se dão no mesmo espaço e tempo, e estão intimamente relacionados entre si, pois desde a fase inicial da pesquisa, essa, por meio de um conhecimento mesmo que seja exploratório, já se vê beneficiada das diferentes formas de ação do Serviço Social. Esses movimentos não constituem apenas fases da pesquisa e não são lineares, mas também se concretizam na dialética das formas de se expressar do Serviço Social e do seu objeto de intervenção no seu fazer-se histórico.

---

que esse adquire não só no período da sua formação acadêmica mas ao longo da sua vida ativa profissional, na sua eterna busca de aperfeiçoamento teórico-metodológico. Isso se deve ao fato de acreditarmos que sem teoria jamais chegaremos à compreensão do objeto, pois o mais que podemos fazer é uma interpretação a partir de uma posição sem solidez, pois falta a criticidade da postura teórica adotada, a clareza e a exterioridade da relação do pesquisador com a cultura, com a história, com o social e até mesmo com a forma de se expressar, já que essa se manifesta como ponto de entrada e de saída da compreensão, da reflexão e da crítica.

Há uma passagem num dos textos de Michael Löwy (1990, p. 13-14), a que sempre recorremos quando queremos representar melhor a nossa compreensão de pesquisa como processo, que compara a elaboração do conhecimento com uma pintura de paisagem e apresenta os contrapontos dela com a imagem no espelho. Esse estudioso nos diz que enquanto a elaboração do conhecimento e a pintura contêm na sua interioridade características pertinentes ao sujeito que os realiza, guardando com esse uma relação de dependência, como demonstraram os entrevistados E e F em relação à pesquisa, a outra situação, a da imagem no espelho, é totalmente independente, não tem um autor. Reflete o concreto na sua aparência, na sua exterioridade. É exatamente isso que acontece com o conhecimento produzido a partir do entendimento de pesquisa apresentado por D.

Ao trazermos esse paralelo de imagens para as nossas reflexões, "desvendando os entendimentos dos significados sobre pesquisa no interior do Serviço Social", notamos que todas essas concepções (A, B, C, D, E e F) mostram as matrizes teóricas que têm influenciado a produção do conhecimento no Serviço Social, bem como as formas pelas quais a elaboração dos conhecimentos tem se dado e os objetivos para os quais se voltam. A pesquisa, no sentido aqui considerado, exige, ao ser elaborada, que o pesquisador busque apreender teórica e metodologicamente a realidade concreta do objeto estudado. Para tanto, ele não deve se colocar passivamente como a imagem no espelho,[24] mas dialeticamente agindo,

---

24. O pesquisador como sujeito ativo no processo da pesquisa não se pode considerar apenas como uma força galvânica necessária à elaboração de um conhecimento sobre determinada realidade, mas tem de se perceber como um elemento que ao estar imbricado nessa realidade concreta não pode vê-la como exterior a si mesma. Tanto a realidade teoricamente representada encontra-se impregnada pelos significados das ações sociais do pesquisador como este como sujeito social-pesquisador é produto das relações sociais existentes no interior da realidade.

deve procurar apreender, por meio de uma relação dialogada com o objeto, as diferentes conexões categoriais, o não percebido, o não focalizado pelo espelho, mas a sua real substância. Para a pintura, também necessária se faz uma observação acurada, minuciosa e abrangente da paisagem por parte do artista, a fim de que essa possa se apresentar como verdadeira, fiel ao observado, ao pintado. Dada a exterioridade da imagem, a sua independência, já que diretamente não tem um autor, ela é desprovida de qualquer sentido político, cultural e ideológico, consequentemente histórico. Daí, porque tanto a primeira como a segunda produção só são possíveis a partir de movimentos sucessivos que vão do abstrato ao concreto na busca da reconstrução real do objeto pela razão. O seu produto, longe de estimular a postura pragmática na qual a realidade é facilmente percebida, viabiliza uma ação transformadora que atinge a objetividade "inquebrantável" do social e penetra fundo nas questões que envolvem as relações sociais.

2. Pesquisa e produção científica: um olhar sistemático para a realidade

São tão interligadas as questões que envolvem a pesquisa que é difícil, não só para o ato reflexivo mas até mesmo para o expositivo, fazer as separações que consideramos válidas para melhor interpretar e apreender o nosso objeto de estudo. Por isso, quando refletimos no item anterior sobre a pesquisa como processo, lá já deixamos registrado que essa e a produção científica requerem do pesquisador um olhar sistemático para a realidade. Ambas são partes de um mesmo processo. Por isso, o ato de investigar um determinado objeto com a finalidade de construir conhecimento, compreender a realidade na sua complexidade, requer do pesquisador não só a construção de um instrumental que dê condições para a visibilidade das diferentes facetas do objeto e permita a apreensão da realidade na sua manifestação real mas também que a postura metodológica empregada dentro da flexibilidade possível viabilize, sem se afastar do exercício sistemático necessário, a construção do conhecimento, o desenvolvimento criativo do homem e a clarificação dos novos significados atribuídos ao objeto a partir das suas experiências.

Antes, porém, de enveredarmos pelo mundo significativo desse olhar para o Serviço Social, tomamos o cuidado de advertir a respeito das armadilhas etimológicas contidas na palavra sistemático. Como a ponta de um *iceberg* pode levar uma pequena embarcação ao naufrágio, por não ter o equipamento necessário para detectar a dimensão do bloco que está submerso nas águas do oceano, também o uso dessa terminologia de forma inadvertida pode provocar confusões metodológicas comprometedoras de uma postura crítico--criadora na pesquisa. Isso decorre do sentido geral da palavra que diz ser sistemático tudo "que constitui um sistema ou procede por sistema" (Lalande, 1993, p. 1035), sendo sistema um "conjunto de elementos, materiais ou não, que dependem reciprocamente uns dos outros de maneira a formar um todo organizado" (Lalande, 1993, p. 1034). Assim entendido, o olhar sistemático da pesquisa induz a uma percepção diferente da por nós adotada neste estudo, pois o ponto basilar desse empreendimento está centrado em sistema rígido e não rigoroso como requer a produção científica, responsável pela ordenação e organização dos conteúdos constitutivos do objeto, levantados por meio das técnicas privilegiadas pela pesquisa. Embora nas elaborações contemporâneas do Serviço Social se observe certa prudência no uso dessa terminologia, podemos constatar que na década por nós delimitada esse sentido geral está explícito nos discursos teóricos escritos e verbalizados pelas Ciências Sociais e refletidos, em grande parte, na produção da pesquisa no Serviço Social, principalmente até os quatro primeiros anos da década em estudo.

Eram laudáveis os estudos calcados em princípios investigativos rígidos. Daí serem considerados dignos de confiabilidade por parte não só da academia que propagava em nome do cientificismo essa postura, mas também pelo reconhecimento do seu valor pelos demais segmentos profissionais que o consideravam, exatamente devido a seu caráter rígido, universalmente tido como válido para qualquer tipo de prática institucional. O exame do material empírico permitiu detectar tal concepção tanto quanto o sujeito D respondeu "que pesquisa é um procedimento calcado em princípios rígidos que evitam qualquer manifestação subjetiva do pesquisador", como, no depoimento de G, quando ele afirma ser a pesquisa "[...] um exercício sistemático, que por meio de uma metodologia criteriosamente planejada é constituído em rigoroso saber".[25] Procuramos por meio da análise das produções desses dois sujeitos certificar-nos se de fato havíamos apreendido os seus significados de pesquisa. A confirmação da sistematização como rigor lógico, necessário à construção do conhecimento, nos chegava à medida que ficavam evidenciadas as preocupações de D e G com o desenvolvimento de um trabalho instigante, sob o ponto de vista quantitativo, relacionado às práticas institucionais do Serviço Social. A análise dos dados, feita a partir das exigências estatísticas, fez com que nos saltassem aos olhos a imagem do movimento galvânico, no qual os dados por si mesmos não só representavam, mas eram a própria realidade que, saída de sua mani-

---

25. Não queremos com isso infirmar a importância que deve ser atribuída à análise quantitativa dos dados de uma pesquisa, mas apenas denotamos a incognoscibilidade da realidade por meio da pura análise estatística, por mais acurada que essa venha a se apresentar.

festação concreta, obrigatoriamente, entrava para um mundo constituído por símbolos estatísticos.[26] É bem verdade que a força da corrente quantitativa da metodologia de pesquisa não esteve presente apenas no Serviço Social, e neste, nos sujeitos D e G, pois esse tipo de interpretação também constituiu compêndios em outras áreas afins, como na Sociologia, na Psicologia, na Política Econômica e até na Antropologia, principalmente quando por meio de técnicas rigorosamente utilizadas, procuravam realizar uma descrição objetiva, sistemática e quantitativa do conteúdo das informações sobre o objeto de estudo. As limitações e normatizações impostas por esse tipo de sistematização à produção do conhecimento expressam a preocupação refletida nas primeiras pesquisas e produções científicas do Serviço Social e se estendem, como já evidenciamos, até os meados dos anos 1980.

A preocupação com a descrição objetiva, que preconiza a rigidez do método por acreditar que qualquer analista, independentemente do tempo, do lugar, da cultura e da ideologia, ao seguir o mesmo método e ter acesso aos mesmos dados, chegará a resultados semelhantes aos anteriormente alcançados por outros pesquisadores, dava a esses sujeitos certa respeitabilidade, autoridade científica e, em nome dessa, o direito de se considerarem donos de "verdades absolutas". Desse modo, a sistematização objetiva confere à pesquisa uma conotação neutra e anistórica, apesar do esforço do pesquisador em ser fiel ao material estudado. Ao mesmo tempo, preconiza um conhecimento consubstancializado em certezas teóricas decorrentes de uma ordem lógica, favorecedora das ideias e saber já reconhecidos ao nível institucional. Assim sendo, quando a sistematização da pesquisa é vista como "[...] princípios rígidos que evitam qualquer manifestação subjetiva do pesquisador" ou ainda como "[...] um exercício siste-

---

26. Nos depoimentos de D e G percebemos certa confusão no emprego dos termos rígido e sistemático, considerados como sinônimo.

mático, que por meio de uma metodologia criteriosamente planejada é constituído num rigoroso saber", o produto dela resultante retrata, além da importância atribuída à frequência com que se verificam certas características e ocorrências, a opacidade com que o mundo, a história e a vida se apresentam e são representados por esses pesquisadores.

Não resta dúvida de que esse tipo de sistematização é mais exato, pois permite a descrição dos fatos, a partir da manipulação de fórmulas estatísticas que exercem controle metodológico-técnico por ocasião do tratamento dos dados. No entanto, convém que se diga que esse critério sistematizador de algumas pesquisas não coíbe, diríamos mesmo não prescinde da análise qualitativa, por mais bucólica que essa possa se apresentar.

Apesar do entendimento exposto sobre sistemático ser mais difundido, e é por isso que no início deste item advertimos para os cuidados do seu emprego, constatamos que para o Serviço Social ele tem sido redimensionado, principalmente para os pesquisadores que se propõem a analisar dialeticamente a realidade. Constatam-se no interior desse grupo três tendências que, na época, representavam um movimento de vanguarda no Serviço Social: a que solapava o planejamento da pesquisa, por acreditar que essa era a forma de se opor à fixidez absoluta dos metafísicos e que neste trabalho está representada pela fala do sujeito *I*: "O que eu aprendi na faculdade sobre pesquisa foi algo muito maçante, pois a gente gastava mais tempo fazendo o projeto do que pesquisando mesmo; agora, com a pesquisa participante está bem melhor, pois à medida que eu vou levantando os dados eu já vou intervindo e procurando transformar a realidade".

A resposta, por mais simples que se apresente, é reveladora de três enganos: um, que não atribui a devida importância ao planejamento da pesquisa, não vê no projeto o caminho operacional que permite a ultrapassagem de uma questão imediatamente dada para uma situação problematizada a partir da organização das ideias do próprio pesquisador;[27] um segundo, que só considera pesquisa as fases que se iniciam a partir do momento da coleta de dados, como se a pesquisa não antecedesse ao planejamento e fosse além da obtenção das informações, e o outro engano, embora relacionado ao primeiro, se reporta a um método e entendimento específico — sobre pesquisa participante[28] que é vista como uma via de acesso à compreensão da realidade que prescinde, para ser desvendada, de sistematização e até mesmo de coerência metodológica.

A outra tendência, embora fundamentada no materialismo histórico, guarda vícios do positivismo, não só no seu linguajar mas até mesmo na utilização de procedimentos técnico-metodológicos de pesquisa. Segundo essa, e aqui ilustramos por meio da resposta de J, pesquisa "é o exercício rigoroso do saber, é a busca do conhecimento pleno do real, mediante o uso de instrumental técnico adequado, tendo em vista a construção e reconstrução do conhecimento". Nessa, percebemos que o ato de produzir conhecimento científico depende da forma rígida pela qual é cumprido pelo pesquisador o plano padrão anteriormente traçado. Por fim, uma terceira que, sem adotar uma postura relaxada como a primeira nem rígida como a anterior em relação ao método, procura, a partir de critérios bem definidos, apreender a realidade por meio da sinergia de diversas técnicas que,

---

27. O pesquisador que se preocupa em desenvolver uma boa pesquisa tem de ter esmero no preparo do projeto. Para nós é um momento-chave no percurso da produção do conhecimento e também o mais difícil. É uma tarefa que, embora muitas vezes longa, é inevitável.

28. Parece-nos que o grupo não tem ainda conhecimento sobre o significado de pesquisa participante e dos vários trabalhos publicados sobre essa metodologia, como, por exemplo, o de Thiollent (1980), o de Pinto (1986), texto também publicado pelo *Caderno de Pesquisa* da Universidade Federal de Recife em 1983, o trabalho de Santos (1983), entre outros.

dentro de um procedimento metodológico previamente estabelecido, porém não fechado, ultrapassa nas suas reflexões o plano meramente sensível, e se aproxima da realidade na sua concretude. É nesse grupo que encontramos uma outra forma de entender a sistematização da pesquisa, e é essa percepção que um número representativo da nossa amostra adota na sua interlocução com os dados da sua pesquisa. O entrevistado *J* nos diz: "Pesquisa é o trabalho investigativo decorrente de aproximações sucessivas ao objeto de estudo, que utiliza de forma combinada vários instrumentos, referencial teórico adequado aos objetivos da pesquisa, à sistematização e interpretação crítica dos dados levantados".

O importante para o grupo representado por *J* não é o grau de veracidade das ideias, pois reconhecem que essas jamais serão absolutizadas, mas sim a interpenetração lógica, a coerência interna existentes nas múltiplas determinações constitutivas do objeto na sua praxidade. Por isso, longe de obstinadamente tentarem, por meio de liames técnico-instrumentais, prender o fenômeno estudado em princípios teóricos e posturas metodológicas fechadas, procuram, com base em ato reflexivo crítico enriquecido pelas suas experiências, criar caminhos que viabilizem a compreensão do seu objeto na sua contemporaneidade histórica. E, assim, demonstram que a teoria e o método são elaborados para atender às condições emergenciais de uma realidade em movimento e não para aprisioná-la, conciliá-la sob qualquer custo, de acordo com as necessidades e interesses impostos previamente em seus projetos de estudo.

Quando indagado sobre o que é pesquisa, o sujeito *H* nos respondeu:

> É a busca da compreensão da realidade, que mediante a problematização do objeto indica, como uma bússola, o caminho metodológico, as técnicas a serem utilizadas e dentro dessas

quais os instrumentos e como esses devem ser elaborados e empregados no levantamento de informações. É um procedimento que, embora criteriosamente sistematizado, se altera a cada instante a fim de acompanhar o próprio movimento do objeto e construí-lo em forma cognoscível.

O pesquisado H não só demonstrou que a pesquisa é um processo dinâmico que procura dar conta das permanentes transformações do objeto, mas também a sua validade interna se sustenta pelas transformações sucessivas, sistematizadas e conscientes, nas quais o pesquisador não adota uma postura de detentor do poder científico, mas sim de um sujeito que se movimenta ativamente, na sua aventura cognitiva, numa estrada metodológica cujos percalços na caminhada conduzem concomitantemente à sua transformação como sujeito criador e concretizador do processo e do objeto. A pesquisa se apresenta como uma passagem do pesquisador de uma situação de conhecimento (não diríamos de não saber, pois acreditamos que sempre partimos de algumas coisas, que não pesquisamos o que desconhecemos totalmente) um pouco nebuloso sobre o objeto para a situação na qual esse conhecimento é construído de forma sistemática, mas tem a sua lógica e coerência reconhecidas dentro de uma provisoriedade contextual e temporal.

O conjunto de procedimentos adotados nessa postura pelo pesquisador leva à construção de um conhecimento não linear, não espasmódico, já que a sua derivação ocorre pela observação social do objeto, no qual o tempo, a circularidade, liames das relações sociais extrapolantes aparentemente ao objeto, ao pesquisador e às experiências deste são significativos. Como podemos notar não só por meio do questionário mas também das entrevistas face a face e da leitura das produções científicas do sujeito H, e também dos anteriores, com exceção dos sujeitos D e G, essa postura metodológica vem constituir uma outra forma de olhar para a realidade, na qual não apenas o pressuposto teórico adotado fica mais evidenciado mas também a postura política, influências culturais e históricas. E assim o sistemático não exprime a ideia de uma pesquisa estática que produz conhecimento divorciado das experiências, constituído de qualidades e propriedades analisáveis por meio de sistemas supostamente fixos que lhe dão a forma de metateoria, mas, fiel à história, contribui para que a significância do objeto seja apreendida pelo movimento dialético no momento da sua construção teórica.

Em trabalho sobre análise de conteúdo (Setubal, 1995, p. 1), ao refletirmos sobre a importância dessa técnica no uso das comunicações, afirmamos que

> [...] ao contrário de uma proposta metodológica dotada de forma imediatamente aplicável, mágica e que responda às inquietações de pesquisadores apressados, embora ansiosos por novas formas de investigar o real, essa proposta procura, a partir das mais recentes concepções, romper com os esquemas rígidos e formais de muitas metodologias de pesquisa, à medida que, no seu fazer-se constante, se reconstrói permanentemente para dar conta da reflexão teórica de um conhecimento já construído nas práticas sociais.

Agora, ao refletirmos sobre o caráter sistemático de uma proposta dialética de investigação, estendemos esse entendimento à prática da pesquisa como um todo, pois nesse processo parece-nos imprescindível a adoção de procedimentos, alguns de natureza simples, outros complexos, que colocam *em xeque* a cada instante o pesquisador, ao mesmo tempo em que desenvolvem as habilidades, posturas crítico-investigativo-dialogais desse sujeito com o objeto. Dessa forma, não é negando a importância da sistematização da pesquisa que se desenvolve a prática dialética por ocasião da construção do conhecimento, mas sim por meio de uma postura dialogal, desenvolvida com acuidade e criatividade, a partir da qual o pesquisador vislumbrará o caminho que melhor o conduzirá ao desvendamento dos significantes e significados contidos nas diferentes manifestações da realidade em estudo. A nosso ver, essas são as ferramentas necessárias para a identificação de um conhecimento teleológico útil para o avanço operacional crítico e reflexivo das práticas sociais desenvolvidas pelo Serviço Social.

De acordo com o já apresentado, convivem no Serviço Social dois entendimentos de sistemático, que nos pareceram coerentes com a postura política, ideológica e com as experiências desses sujeitos. Porém foi em torno do último, o que se propõe a analisar dialeticamente a realidade e se constitui em movimento de vanguarda no Serviço Social, que a maioria dos pesquisados se colocou, principalmente quando ocorreu uma melhor compreensão da matriz marxista, comumente influenciadora dos estudos dos pós-graduados nos anos de 1980-1989. Fica entendida, então, a importância da sistematização em qualquer contexto de pesquisa; antes, porém, é preciso obter maior clareza sobre *o que* se estuda e *para que* esse estudo é realizado. Voltam aqui as questões relativas às finalidades da pesquisa pois essas são condições *sine qua non* para o posicionamento do pesquisador junto ao objeto e indubitavelmente para a determinação da sua utilização como produção de conhecimento científico pelas diferentes práticas sociais. Assim, o caráter multiforme da sistematização influencia diretamente e é influenciado pelas diversas formas, sensibilidades, interesses diferenciados de todos que fazem a história do Serviço Social, de todos que se propõem a sistematizar teoricamente as situações vivenciais e concretizadas no cotidiano institucional.

Dissemos anteriormente que não é pela sistematização rígida que a pesquisa tem a sua validade social reconhecida, não é pela negação da sistematização que o pesquisador se coloca numa posição de transformação e de vanguarda, por aparentar se opor aos critérios rígidos do positivismo, mas é pelo compromisso antecipadamente assumido com a construção de um conhecimento rigoroso, no qual nenhuma forma de análise é negligenciada. Por isso, a postura crítico--dialética não dispensa uma análise quantitativa acurada, pois essa deve servir de elemento de mediação entre o objeto e a sua análise, mesmo quando a análise apresenta-se exclusivamente de forma qualitativa. Não resta dúvida de que essa é uma compreensão ainda obscura para o todo do Serviço Social; basta observarmos os eventos científicos que se propõem a discutir a pesquisa na área. Percebemos essa falta de clareza à medida que constatamos as dificuldades em relação à adoção de procedimentos desenvolvidos dentro de uma prioridade ontológica que nega o imediato da análise quantitativa, para qualificá-la no processo dialético. Nesse sentido, não podemos negar a importância de dados tanto quantitativos quanto qualitativos, se esses recursos cabem ao conhecimento do objeto. Em síntese, a pesquisa, a produção científica, como processo sistematizado, deve dar conta não só da descrição do objeto mas também da interpretação realizada por meio de reflexões substancializadas, por aproximações do conhecimento do objeto.

3. Pesquisa: instrumento mediador da relação sujeito-objeto

> [...] e toda ciência seria supérflua, se a forma de manifestação e a essência das coisas coincidissem diretamente (Marx, 1946-47).

Embora as observações anteriores estejam permeadas de interpretações que substancializam o entendimento de pes-

quisa como um "instrumento mediador da relação sujeito-
-objeto", é neste item que evidenciamos as suas características
fundamentais. Nele observamos que o objetivo da pesquisa
visa, além de produzir conhecimento, também apreender o
objeto por meio de uma elaboração do raciocínio lógico e
mostrar quem é o pesquisador, por mais que este se esquive
e procure se esconder na aparente neutralidade. A relação
entre sujeito e objeto é tão íntima que a atividade desenvolvida pelo pesquisador é reveladora do seu modo de ser como
sujeito histórico. Por isso é que, quanto mais profunda for a
apreensão do objeto pelo pesquisador, mais nitidamente este
se revela no produto da atividade científica que realiza, permitindo que outros saibam a seu respeito e que até mesmo o
próprio pesquisador se reconheça sob outros ângulos antes
nunca percebidos. Porém, para que essa relação se revele no
presente estudo, tomamos no decorrer das nossas reflexões
alguns dos fundamentos da ontologia marxiana, como, por
exemplo, os conceitos de totalidade e práxis, por constituírem
o âmago da mediação como categoria central do método
materialista histórico. Sabemos que não foi somente a dialética de Marx que usou essa terminologia, pois outras a ante-
cederam, embora a empregando de forma diferente. Hegel,
por exemplo, adota e apresenta em sua obra *Princípios da filosofia do direito* a mediação como elemento de uma ação que
liga o ser ao objeto, por meio do percurso que se realiza em
forma de movimentos reconciliatórios, influenciadores de
uma ação mútua entre sujeito e objeto. É nesse movimento
que o elemento é vislumbrado, a partir do seu ponto de partida até o de chegada. Diferentemente, Marx apreende a
mediação a partir do seu significado histórico, social, coletivo
e da sua natureza, que transcende às ações imediatas existentes entre o sujeito e o objeto. É por isso que no método dialético materialista-histórico a mediação se transforma em categoria central quanto mais for negada a autonomia entre os
homens, as coisas, os fenômenos e as ciências. Apesar da

negação de autonomia entre esses elementos, é reconhecida certa "independência", o que lhe dá o aspecto de singular. A singularidade não se desfaz por meio do ato reconciliador, mas é ultrapassada pelo desenvolvimento de ações dinâmicas e inter-relacionadas pelas múltiplas dimensões desses dois elementos, ou seja, entre o sujeito e o objeto. É dessa forma, então, que a particularidade muitas vezes obscurecida pelo imediatismo do olhar é apreendida pelo sujeito pesquisador, no seu ato de reconstrução teórica da realidade. Assim sendo, a mediação não é o ato de reconciliar a relação entre sujeito e objeto, tampouco se constitui nos elementos equidistantes de um objeto, como pensava Aristóteles. As mediações são, então, ações dinâmicas que, por serem abstratamente construídas, só são percebidas a partir de procedimentos sistemáticos, estimuladores do ato reflexivo e originários desses, no movimento permanente do sujeito cognoscível em direção ao objeto na sua manifestação real.

A polêmica de Marx com Hegel em *Crítica da filosofia do direito de Hegel*, e de Marx com Feuerbach em *A ideologia alemã* (primeira tese), centra-se principalmente na inaceitabilidade do imediato conhecimento do ser social por meio da redução das formas de objetivações desse ser em conexões lógico-gnosiológicas que, apesar de conscientes, estabelecem uma relação de causalidade entre o sujeito cognoscente e o real. O primeiro é o criador do último, sem o qual o real não existe. De acordo com a dialética marxiana, esse entendimento se constitui num dos maiores enganos da filosofia idealista, tendo em vista que a existência do objeto, em sua manifestação concreta, precede a criação do conhecimento que, por mais profundo e amplo que se apresente, não consegue esgotar a realidade, que é rica e complexa. Assim sendo, fica evidenciado, do ponto de vista da metodologia desenvolvida por Marx, que uma coisa é o ser, os diferentes processos que aproximam o pesquisador do real, outra coisa são as representações decorrentes do ato reflexivo-crítico resultantes das inferências[29] desse sujeito sobre o objeto de investigação. Metodologicamente, as mediações não só indicam o caminho mas são o próprio caminho que leva o pesquisador a avançar qualitativamente no desvendamento do objeto, por meio de aproximações conceituais sucessivas e de inferências lógicas.

Partindo desse significado, vemos o quanto é importante o ato intelectivo-consciente, decorrente de uma movimentação dialética capaz de penetrar no real e apreender a sua essencialidade, a sua substancialidade histórica e social. Ora, se é assim que entendemos também a mediação, torna-se perfeitamente pertinente a consideração de pesquisa, na sua processualidade sistemática, como um instrumento por meio do qual são concretizadas as várias operações desenvolvidas entre o sujeito e o objeto. Como processo de construção do conhecimento, a pesquisa representa não só uma situação problematizada que necessita, para sua explicação, de um referencial teórico, de arsenal de instrumentos, de recursos técnico-operacionais e de mediações, mas representa, e é, a própria mediação no processo que objetiva o pesquisador e o objeto. Na sua dinâmica interna, ela procura revitalizar e tornar transparentes os vínculos existentes nas relações entre totalidade e particularidade, tanto do ponto de vista do sujeito como do objeto.

Sem dúvida, conforme notamos no início deste item, totalidade e práxis são fundamentais à mediação, sob pena de tomarmos essa categoria de forma vaga, linear e mecânica, que nada apresenta ter em comum com a acepção marxiana.

---

29. Consideramos inferência o tipo de interpretação realizada pelo pesquisador que, dentro de certo controle metodológico, apreende teoricamente as diferentes determinações constitutivas do objeto na sua manifestação real. Segundo Santanna, inferência é o "processo intermediário que parte da descrição para chegar à interpretação" (1979, p. 91). Embora se reconheça a utilização frequente, principalmente no interior do Serviço Social, de inferências imediatas, na atual abordagem, quando procuramos ver a pesquisa como instrumento de mediação entre sujeito e objeto, o seu uso se dá de forma mediatizada.

Por isso parece-nos que só é possível falar-se em pesquisa como instrumento de mediação entre sujeito e objeto quando vemos a pesquisa como uma forma de práxis social, ou seja, quando percebemos que as facetas da realidade apreendidas pelo pesquisador na sua elaboração teórica são mediatizadas pela práxis, que inviabiliza a separação entre o ato consciente--crítico e as relações sociais das quais o sujeito e objeto são componentes sociais do todo e têm características particulares da vida em geral.

É no interior do movimento que une por mediações o sujeito ao objeto que podemos observar as ações laborativas do homem, que o levam como ser social à objetivação. Dessa forma, pela práxis, são negadas à pesquisa conotações especulativas, metafísicas, aprisionadoras do trabalho do pesquisador. Aprisionamento esse que é assegurado por disciplina metodológica, habilidades e segurança teórica que fundamentam os seus gestos e comportamento frente ao objeto e passam a atribuir à pesquisa um fim em si mesmo, como se essa gozasse de uma exterioridade em relação ao sujeito, à sociedade, à cultura e à ideologia que a produz e consome. Mesmo nessa dimensão, a pesquisa é uma das várias formas pelas quais a prática social integrada, influenciadora e influenciada pelas relações sociais, é abstraída da sua forma real e expressada teoricamente, de acordo com os interesses e o tipo de sociedade que lhe serviu de útero. É um processo vivo, que se encontra imbricado e é impulsionado pelas relações dinâmicas e múltiplas que o pesquisador estabelece (por meio dos referenciais teóricos, recursos técnico-metodológicos construídos, reconstruídos e transformados dialeticamente na caminhada investigativa) com o objeto, na sua reconstrução histórica.

Metaforicamente, a sociedade, a cultura não agem apenas a jusante, ao marear a transparência das águas cristalinas do saber, mas, a montante dos rios, elas escavam as margens por onde a água corre, encobrem pastagens que brotam, determinam as vidas e o tipo delas no seu caminho. Por isso é que consideramos ingênua a concepção que tenta abstrair a pesquisa das influências socioculturais e históricas do pesquisador e objeto, para cerrá-la num gueto científico dotado de esplendorosa beleza e de pureza imaculada. Felizmente, essa não é a maneira de ver da quase totalidade dos nossos sujeitos, o que nos leva a admitir que no Serviço Social não só vem ocorrendo a expansão quantitativa de pesquisas, mas que esse, à medida que se transforma como profissão inserida num mercado de trabalho, redimensiona a sua própria maneira de ver a pesquisa e passa qualitativamente a ter com esse processo uma relação mais íntima, e consequentemente mais comprometida com a produção do conhecimento.

A bem dizer, essa forma de pensar não é exclusivamente adotada pelos sujeitos desta amostra, pois o que temos observado no debate contemporâneo do Serviço Social é que esse processo, principalmente a partir da última década, tem se constituído em via possibilitadora do refazer da trajetória dessa prática social dentro de uma situação concreta. Situação em que muitos fatores e acontecimentos sociais, políticos e econômicos interseccionados dão as conotações e os matizes às diferentes práticas sociais, transformam o sujeito, o objeto, dão ao Serviço Social a certeza de que a aparência dos fenômenos, da realidade, constitui apenas uma das suas facetas, e fornece, no caso do presente estudo, elementos viabilizadores do desvendamento da prática de pesquisa nessa área.

Em suma, podemos dizer que o movimento desenvolvido pelo sujeito ao construir o seu objeto não se verifica por meio de mediações valorativas de uma categoria sobre a outra, mas sim de modalidades intermediadas por situações exógenas e endógenas que têm, ao longo do tempo, estimulado no Serviço Social o seu modo de ser e de aparecer na sociedade brasileira, na qual, principalmente, a partir da criação dos programas de pós-graduação, tem se tornado mais frequente a construção do conhecimento pela via da pesquisa. Por esse motivo é que refletimos a seguir sobre a formação *stricto sensu* no Serviço Social.

CAPÍTULO II

Pós-graduação: da formação de pesquisadores à prática de pesquisa

> *O dominado não se liberta se ele não vier a dominar aquilo que os dominantes dominam. Então, dominar o que os dominantes dominam é condição de libertação (Saviani, 1986, p. 66).*

Ao constatarmos a importância dos programas de pós-graduação em Serviço Social para o desenvolvimento da pesquisa na área, não negamos a produção de conhecimentos em momentos anteriores à saída dos primeiros mestres e doutores. Só para lembrar, citamos nos meados da década de 1960 a reconceituação, movimento que, desencadeado em toda a América Latina, resultou do despertar crítico do Serviço Social e o alimentou no sentido de busca instrumentalizada pela pesquisa, algumas de caráter exploratório e outras de caráter descritivo, e aprofundamentos teórico-metodológicos que dessem conta das novas exigências conjunturais.

Esse movimento, inédito pela postura questionadora, é produto das inquietações existentes nas Ciências Sociais e da onda de turbulências internas do Serviço Social, provocadas, no último caso, pelas exigências conjunturais configuradas nas demandas institucionais, que o obrigavam a descobrir outros caminhos teórico-metodológicos, a procurar desenvolver uma intervenção consubstanciada na prática teórica. Porém, o que alguns estudiosos afirmam é que a reconceituação não foi suficientemente forte para romper com o praticismo cotidiano institucionalmente reconhecido, muito embora tenha conseguido exteriorizar um pouco os conflitos internos até então não assumidos pela profissão. Como bem assinala José Paulo Netto (1991, p. 128), o Serviço Social antes desse movimento

> [...] não apresentava polêmicas de relevo, mostrava uma relativa homogeneidade nas suas projeções interventivas, sugeria uma grande unidade nas suas propostas profissionais, sinalizava uma formal assepsia de participação político-partidária, carecia de uma elaboração teórica significativa e plasmava-se numa categoria profissional em que parecia imperar, sem disputas de vulto, uma consensual direção interventiva e cívica.

Os esforços emanados da reconceituação que perpassam a década de 1970 não conseguiram desvencilhar o Serviço Social dos liames positivistas, o que ocasionou uma certa similitude com as práticas anteriores a esse momento. É por esse motivo que José Paulo Netto considera esse movimento como processo de "renovação" do Serviço Social; Iamamoto (1992), como "reformismo conservador", e Martinelli (1989), que não obstante reconhece, também, a dificuldade do Serviço Social romper com a prática tradicional, vê que as repercussões desse movimento e os esforços de segmentos em rebater algumas de suas propostas serviram para que essa profissão buscasse romper com a alienação. Sem querermos entrar no âmago das questões suscitadas por esses autores, pelo menos no momento, temos de reconhecer que, seja pelo âmbito da "renovação", seja do "reformismo conservador" ou da tentativa de rompimento com a alienação, o Serviço Social tem registrado na sua história a preocupação com a produção do conhecimento, mesmo antes da pós-graduação.

É por essa razão que, anteriormente a esses programas, já se consegue vislumbrar em seu interior, pelo menos de forma mais precisa, duas tendências de linhas de pesquisa. Uma dessas linhas é muito conhecida no meio do Serviço Social, pois as produções dela decorrentes constituíram, por muito tempo, ponto basilar da formação dos profissionais da área. Foi utilizada pelo Centro Brasileiro de Cooperação e Intercâmbio de Serviço Social (CBCISS) que, após encontros regionais preparatórios para os eventos nacionais, deu origem aos trabalhos apresentados em Araxá (1967), Teresópolis (1970), que não apenas expressam mas também confirmam o pensamento conservador de fundo positivista. A outra tendência, por sua vez, aportada pelo Centro LatinoAmericano de Trabalho Social (Celats),[1] procura se valer da matriz marxista. É dentro da última que se desenvolve o método conhecido como "Método B. H."[2] e que o Serviço Social procura se libertar dos teores políticos e ideológicos explicitados nos documentos resultantes da outra linha de pesquisa.

Apesar de ambas as tendências se medrarem em sentidos diferentes, apresentam como ponto de convergência os

---

1. Embora o CBCISS e o Celats não constituam órgãos de investigação, têm em alguns momentos de sua trajetória utilizado os procedimentos metodológicos da pesquisa, com o claro propósito de estudar as práticas profissionais do Serviço Social.

2. Esse método surgiu na Universidade Católica de Minas Gerais na primeira metade dos anos 1970, como proposta de "ruptura" com o Serviço Social tradicional. Segundo Paulo Netto (1991, p. 247), é a proposta "[...] que mais proximidade teve com o espírito crítico da reconceptualização", por isso foi a que despertou embora tardiamente "as produções mais avançadas" desse movimento na América Latina.

questionamentos em torno da metodologia, daí colocarem entre suas preocupações o desenvolvimento de um instrumental eficiente para melhor intervir. Com isso procuramos mostrar que a pós-graduação, embora se constitua e seja reconhecida como estimuladora da pesquisa, não é contexto limitante do desenvolvimento dessa prática, tendo em vista que as demandas sociais que afloram no seio da sociedade, na década de 1970, provocam mudanças radicais no Serviço Social na sua prática institucional, fazendo-o refletir sobre os diferentes programas de impacto apresentados pelas políticas sociais, e levando-o a discutir a sua prática, principalmente nas áreas de assistência e previdência. Todavia, essas reflexões são apresentadas de forma esporádica, exploratória, adotam caráter prático e instrumental, até mesmo quando buscam na metodologia da pesquisa o delineamento para o seu prosseguir.

Ao tomar a pesquisa de forma instrumental, o Serviço Social cada vez mais reafirma a sua forma de aparecer, a sua mentalidade pragmática tão bem representada pela sua especificidade de profissão de intervenção, e pelo seu esforço em atingir resultados imediatos mesmo em detrimento da qualidade do conhecimento produzido. Essa produção é representativa de uma época (1974-1984) e está marcada pelas exigências de um agir profissional que procura dar conta das demandas, tanto das políticas públicas implementadas pelo Estado como das políticas privadas voltadas à prestação de serviços. Apesar desses esforços atenderem aos apelos decorrentes da crise de legitimidade do Estado na busca da obtenção do consenso social, não foram desenvolvidos pelo Serviço Social como um todo, mas ocorreram de forma individualizada, sem amparo institucional, e pulverizados em diferentes universidades do país. A ideia de universidade como polo de desenvolvimento científico e tecnológico constituía, não apenas para os cursos de Serviço Social como também para os demais, mais um paradoxo brasileiro.

Esse país, apesar de necessitar do avanço da ciência para efetivar o seu processo de modernização, contraditoriamente encerra a pesquisa em labirintos cheios de encruzilhadas, dificultadoras da sua própria expansão. Por isso não nos é difícil constatar os obstáculos impostos à organização científica, a partir dos órgãos do Ministério da Educação, como pontos inseminadores de uma compreensão abstrata de universidade[3] que não dá conta, inclusive, do próprio movimento de produção dessa instituição de ensino superior.

Ao ser a universidade deslocada da sua manifestação concreta, o produto do seu trabalho é visto independentemente de seus autores, de forma desumanizada e anistórica, e o seu caráter de instituição gerada similarmente às condições de produção da existência humana lhe é negado. Por isso, a forma como é produzida a universidade está intimamente relacionada à maneira pela qual as condições materiais, culturais e até espirituais do homem são produzidas, razão por que a universidade, em sua manifestação concreta, é a expressão "[...] do grau de desenvolvimento da sociedade em seu conjunto" (Saviani, 1992, p. 99); manifesta os seus valores e estimula o desenvolvimento de produtos de acordo com as necessidades dessa mesma sociedade. Enfim, se a instituição universidade é produzida de acordo com o grau de desenvolvimento de uma dada sociedade, então, no caso do Brasil, ela se constrói dentro do projeto capitalista de produção da existência humana dessa sociedade. Daí representar, concretamente, a síntese das múltiplas determinações constitutivas desse processo de desenvolvimento. Em outras palavras, podemos dizer que, de 1980 para cá, as cores que pintam o quadro da universidade deste país são as mesmas que colo-

---

3. Segundo Saviani, (1992, p. 97), a universidade é tida como abstrata, quando é concebida "[...] como algo já constituído, existente em si e por si; em outras palavras, detém-se na sua manifestação empírica, na imediatez do observável e constatável".

rem a tecnocracia e a modernização acelerada, expressando essa última o desenvolvimento sob a égide do capitalismo. É no bojo dessa relação capital/sociedade e capital/sociedade e universidade que se encontram os programas de pós-graduação. Por isso eles não fogem às regras desse sistema nem quando privilegiam áreas de produção de conhecimento com as suas respectivas linhas nem quando se voltam para o seu objetivo maior, que é formar pesquisadores e fomentar a pesquisa.

A história das ciências[4] nos mostra que em outras áreas, como na Química, Zoologia Geral e Aplicada, Botânica, Física, Mineralogia, Geologia, enfim, em outros ramos das ciências, a produção da pesquisa deu-se anteriormente à criação dos programas de pós-graduação, precedendo até mesmo a institucionalização da universidade brasileira. Tal é o caso do Museu Nacional que, de tradição naturalista, já no período republicano desenvolvia pesquisas em ciências naturais; dos institutos de pesquisas em ciências biológicas que, do final do século XIX ao início do XX, desenvolveram estudos voltados ao combate das epidemias que assolavam o nosso país; do Instituto Adolpho Lutz, antigo Instituto Bacteriológico de São Paulo (1893); do Instituto Oswaldo Cruz (1899); do Instituto Butantan (1899); do Instituto de Biologia de São Paulo (1924) que, entre outros, também desenvolveram pesquisas nas primeiras décadas do presente século. Dessa forma, se hoje situamos a pesquisa dentro dos muros, muitas vezes isoladores dos *campi* universitários, na academia, não podemos nos esquecer de que a produção científica e a sua organização neste país originaram-se nos institutos de pesquisas diretamente ligados à administração pública. Esses institutos não serviram apenas de modelo para a pesquisa na universidade, mas tiveram até mesmo suas atividades e

---

4. Lembramos sobre esse assunto os trabalhos de: Amaral (1958, p. 376-96), Lavras (1976), Biato (1971), Azevedo (1955), Bernal (1979), Montoyama (1980).

atribuições expandidas, como é o caso do Museu Nacional,[5] para o ensino superior, principalmente para os cursos de pós-graduação, *lato sensu* e *stricto sensu*, seja fomentando a pesquisa, seja formando e aperfeiçoando os pesquisadores.

Há quem diga, e aqui citamos Gracelle e Castro (1985, p. 188), que os programas de pós-graduação constituíram a ponte de ligação entre os institutos de pesquisa e a universidade. Não temos como negar esse fato, que não ocorreu por acaso, principalmente quando sabemos que desde 1818[6] os institutos de pesquisa, de um modo geral, têm se deparado no cotidiano da prática de sistematização do conhecimento com dificuldades materiais e financeiras, prejudiciais ao bom desempenho dessas instituições e andamento dos seus projetos. Não existia equiparação salarial entre esses pesquisadores e os professores universitários. Esses há muito reivindicavam um salário condizente com suas atividades de pesquisador.[7] Entretanto, a demora dessas solicitações provocou o êxodo de muitos pesquisadores desses institutos, que passaram a ver nas universidades a existência de suporte financeiro e material indispensáveis à satisfação das suas necessidades pessoais e de produtores de conhecimento.

---

5. A partir de 1946 o Museu Nacional passou a integrar a Universidade do Brasil, atual Universidade Federal do Rio de Janeiro.

6. Foi a partir dessa data que começaram a surgir os institutos de pesquisa no Brasil, com a fundação do Museu Nacional por D. João VI. Posteriormente, e aqui já tivemos oportunidade de mencionar, ainda naquele século outros foram criados, havendo hoje no Brasil várias instituições de reconhecimento internacional, voltadas para a pesquisa, como é o caso da Fundação Carlos Chagas.

7. Segundo Montoyama (1980, p. 343-80), essa conquista só veio a ocorrer a partir de 1946, inicialmente no Museu Nacional, que naquele ano teve que rever os seus regulamentos para se integrar à UFRJ. "Foi só por este novo regimento que, enfim, os pesquisadores do Museu foram equiparados aos docentes universitários, com possibilidade de seguir a carreira universitária e com direito ao regime de dedicação exclusiva". Quanto ao tempo integral, constatamos que desde 1927 já era adotado pelo Instituto Agronômico de Campinas e pelo Instituto de Pesquisa Tecnológica de São Paulo.

Enquanto isso, proliferavam rapidamente em todo o país, a partir de 1950, as universidades, e com essas crescia sensivelmente a produção do conhecimento, apesar dos percalços anteriormente apontados. É, portanto, relativamente recente a existência de uma produção científica mais consistente e permanente, até mesmo no campo das chamadas "ciências básicas", no qual a ação governamental sempre se fez mais presente por meio de subsídios. Outras instituições de igual valor no campo da pesquisa, diante dessa situação, viram o seu quadro de pesquisadores diminuir, já que lhes faltava condição de competitividade com a universidade. É assim que o Brasil, país tido internacionalmente como possuidor de uma frágil tradição em matéria de produção do conhecimento, traz para dentro da universidade a pesquisa. É dessa forma que esses institutos tomam parte na implantação dos programas de pós-graduação, órgãos complementares da formação profissional.

Após essas considerações, vemos que, diferentemente de outras profissões, o movimento da pesquisa como produção de um conhecimento científico sistemático ocorreu em sentido diferente no Serviço Social, pois, de forma mais maciça, essa tem se apresentado a partir da criação dos cursos de pós-graduação. Com base nessa constatação, podemos identificar alguns contrapontos entre as pesquisas desenvolvidas em outras áreas do saber com a pós-graduação no Serviço Social e as suas implicações na produção da pesquisa. Ainda que o apontado anteriormente não seja suficiente para demonstrar que, diferentemente de outros países, a pesquisa no Brasil foi por muito tempo desvinculada da prática acadêmica,[8] nos permite apreender que, no contexto do Serviço Social, a pesquisa é quase que embrionária, quan-

---

8. Não defendemos a universidade como instância única e responsável pela produção do conhecimento científico. Porém não aceitamos que essa coloque em segundo plano e até ignore a produção da pesquisa como um dos seus objetivos.

do comparada à produção firmada e reconhecida por e em outros campos do conhecimento. Mas será que isso nos dá elementos para afirmarmos a inexistência de tradição em pesquisa no Serviço Social? Não seria conveniente relativizarmos tal "verdade", já que o Serviço Social no Brasil tem pouco menos de sessenta anos e que apenas há 23 foi criada a sua primeira pós-graduação? Esses não são pontos marginais nas nossas reflexões e não esvanecem o conhecimento que adquire maior consistência teórico-metodológica no Serviço Social, a partir da criação dos cursos de pós-graduação, pois com esses a pesquisa tem se vinculado organicamente. É por essa razão que o nosso esforço em construir um conhecimento sobre a prática de pesquisa no Serviço Social não abarca qualquer pesquisa, qualquer conhecimento, mas limita-se aos que resultam do trabalho dos pós-graduados na década de 1980. Contudo, isso não nos impede de em alguns momentos fazermos contrapontos com outros trabalhos apresentados no mesmo período em eventos nacionais, regionais do Serviço Social que, embora de igual natureza, não decorrem de exigências desses programas.

A primeira pós-graduação no Brasil foi implantada na Universidade de São Paulo (USP), sendo seguida pela PUC-SP mesmo antes da sua institucionalização, que só ocorreu com a promulgação da Lei n. 5.540/1968. Várias foram as dificuldades iniciais, além das comuns a qualquer programa em fase de consolidação da implantação. Entre elas, no entender de Joel Martins,[9] encontram-se a vigilância política e ideológica, exercidas pelo regime militar instalado no país desde 1964. Embora se referindo às dificuldades da PUC-SP, identifica-se a mesma situação em relação à pós-graduação da USP, que no período da promulgação da lei mencionada

---

9. Segundo Bonetti (1992), o professor Joel Martins foi o segundo coordenado geral da pós-graduação e ex-reitor da Pontifícia Universidade Católica de São Paulo (PUC-SP).

funcionava diferentemente dos padrões então estabelecidos. Diz Joel Martins:

> Grandes problemas, grandes lutas tivemos de enfrentar no regime de opressão. O Conselho Federal de Educação, órgão do Ministério, segurava os projetos que mandávamos por um ano. Eu tinha de ir constantemente lá para apurar o que estava acontecendo. Seus membros examinavam os nossos projetos e processos, página por página, procurando a ideologia que estivesse oculta. Quando encontravam uma frase sobre a qual pairassem dúvidas em termos da ideologia, seguravam o projeto e exigiam a mudança da página. Não foi fácil (Bonetti, 1992, p. 57).

Apesar dos percalços, o governo militar, por meio de suas metas modernizadoras do Estado, realiza a reforma do ensino, que, por sua vez, viabiliza a criação da pós-graduação. Não nos resta a menor dúvida de que muitas foram as batalhas travadas no interior da própria universidade e junto aos órgãos do Ministério da Educação e Cultura (MEC) por ocasião da estruturação e implantação dos programas. Mas o espírito empreendedor de alguns docentes possibilitou-lhes enfrentar a opressão reinante no país e lutar pelo melhoramento da qualificação de homens e mulheres responsáveis pelas diferentes formações profissionais e pela formação de pesquisadores, o que denota, desde os primórdios da pós, a vinculação orgânica dos cursos *stricto sensu* com a produção do conhecimento.

O Serviço Social, que enfrentava no seu dia a dia o embate entre os interesses das classes antagonicamente constituídas, não ficou atrás e também lutou pela criação do seu programa de pós-graduação. Aqui sim, as dificuldades foram sensíveis. O seu trabalho de convencimento teve início na universidade, cuja hierarquia superior, por não entender o que é Serviço Social, não concebia como necessária a criação de um curso de tal monta. Entretanto, do esforço empreendido resultou a criação do primeiro Programa,[10] o da PUC-SP (1971),[11] seguindo-se o da Pontifícia Universidade Católica do Rio de Janeiro (PUC-RJ, 1972), o da Universidade Federal do Rio de Janeiro (UFRJ, 1976), o da Pontifícia Universidade Católica do Rio Grande do Sul (PUC-RS, 1977), o da Universidade Federal da Paraíba (UFPb, 1978), o da Universidade Federal de Pernambuco (UFPe, 1979) e o da Universidade de Brasília (UnB, 1989). Desses cursos egressaram, até 1989, aproximadamente 400 (quatrocentos) profissionais pós-graduados na área. Será que esses empreendimentos têm atingido os seus objetivos e têm estimulado a prática permanente de pesquisa no Serviço Social? É sobre essa questão que trataremos no item seguinte, com a ajuda e colaboração de nossos interlocutores.

1. Pós-graduação: objetivos e estímulos à pesquisa

Assemelhando-se em termos de objetivos às pós-graduações em outras áreas de conhecimento, os programas de Serviço Social têm por finalidade dar aos professores universitários e aos profissionais ligados às instituições de prestação de serviços uma formação viabilizadora da transmissão e da produção do conhecimento científico. Assim

---

10. A institucionalização da pós-graduação em Serviço Social deu-se no mesmo momento em que se efetivou a inclusão gradativa dos cursos de graduação nas universidades federais.

11. De acordo com Bonetti (1992, p. 50-56), somente após cinco anos da criação do Programa de Doutoramento Especial da PUC-SP e da institucionalização pelo CFE da pós-graduação no Brasil é que se deu a implantação do curso em Serviço Social nessa universidade.

sendo, tanto o mestrado como o doutorado procuram formar professores[12] e profissionais pesquisadores[13] que possam, a partir das demandas sociais, produzir um saber legitimado, principalmente pela academia e órgãos financiadores de projetos de pesquisa. Nesse último sentido, os programas não têm medido esforços, pois as condições necessárias para os seus funcionamentos decorrem, na sua maioria, do suporte financeiro dado por órgãos do governo federal como o CNPq, que desde a sua criação em 1951 desempenha a função de estimulador do desenvolvimento da investigação científica e tecnológica, por meio de apoio financeiro, da criação de centros de pesquisa, ou integração dos já existentes.[14] Em 1973, como parte da política de apoio ao desenvolvimento científico e tecnológico, o governo militar resolve criar, também, o Plano Institucional de Capacitação de Docentes (PICD) que, precipuamente, apoia, por meio de bolsas, as universidades públicas e particulares na qualificação dos seus docentes.[15]

Como já era previsto pelos estatutos dos programas e órgãos federais ligados ao MEC, como Capes e CNPq, as

---

12. Até o final da década de 1980, segundo a ABESS, existiam no Brasil 66 unidades de ensino superior. É dessas escolas que parte a maior demanda real à pós-graduação.

13. Encontram-se nessa categoria, além dos professores-pesquisadores, os profissionais que concretizam a sua prática em outras instituições que não a de ensino, os profissionais que integram o mercado de trabalho por meio da sua inserção nos órgãos públicos e privados implementadores de políticas sociais.

14. Foi criado pelo CNPq em 1953 o Instituto de Matemática Pura e Aplicada e integrado a esse órgão, nesse mesmo ano, o Centro Brasileiro de Pesquisas Físicas, que desde 1949 funcionava de forma independente, sob os auspícios da comunidade de físicos.

15. Dilséa Adeodata Bonetti (1992, p. 59) diz que todas essas criações fazem parte das medidas necessárias ao fortalecimento dos "[...] cursos de pós-graduação no país, no sentido de preparar pessoal docente para as universidades e promover o desenvolvimento da pesquisa dentro dos parâmetros reformistas do governo".

produções resultantes da pós-graduação só começaram a aparecer depois de três a quatro anos, com a saída dos primeiros mestres em Serviço Social. Por isso é que na década de 1980, período delimitador deste estudo, quando os seis programas já se encontravam em franco funcionamento, inclusive o doutorado da PUC-SP implantado em 1981, constatamos, por meio de uma pesquisa exploratória, que dos 310 (trezentos e dez) profissionais pós-graduados, 302 (trezentos e dois) defenderam dissertações de mestrado e 8 (oito) defenderam teses de doutorado. Desse total, o maior número de mestres saiu da PUC-RJ, com 99 (noventa e nove), seguida pela PUC-SP com 79 (setenta e nove) mestres e 8 (oito) doutores, pois era o único programa até 1993 com doutorado em Serviço Social, em língua portuguesa e em toda a América Latina.

Aparentemente, esse é um número bastante significativo. Entretanto, quando comparado ao de pesquisadores de outras áreas e à concentração desses em instituições de pesquisa como, por exemplo, o Instituto Agronômico de Campinas, que em 1977 agregava 229 (duzentos e vinte e nove) pesquisadores,[16] constatamos que, embora representativo para o universo de profissionais, não constitui uma força em constante ação e em interação no que se refere à pesquisa. Além do mais, são poucas as instituições que têm pelo menos um número reduzido de pesquisadores em Serviço Social nos seus quadros funcionais, tendo em vista estar o potencial de pesquisadores por formação pulverizado em diferentes instituições e universidades, espalhadas do Norte ao Sul do país. Por isso, ao refletirmos sobre "Pós-graduação: objetivos e estímulos à pesquisa", temos de levar em conta, além do aparentemente visível, outras questões inerentes e até extra-

---

16. Segundo Montoyama (1980, p. 369), esse número só foi atingido quando esse Instituto fez noventa anos de criação e funcionamento.

polantes ao tema. Acreditamos que só dessa maneira podemos apreender e verificar se de fato têm os programas de pós-graduação atingido os seus objetivos, se esses têm conseguido estimular a prática, pelo menos mais frequente, de pesquisas no Serviço Social, já que visam formar não apenas docentes para o ensino do 3º grau mas também pesquisadores, ou seja, profissionais habilitados precipuamente a elaborar e desenvolver projetos de pesquisas científicas na área social.

Não resta dúvida de que esse objetivo é por demais desafiante para um país que não tem tradição em pesquisa. Para o Serviço Social ele nos parece duplamente inquietante: primeiramente, por ser uma prática inserida numa realidade concreta sem tradição em pesquisa, e em segundo lugar, por ter se inserido no mercado de trabalho dessa sociedade, para prestar serviços assistenciais às populações menos favorecidas pelo sistema capitalista de produção. Esses dois aspectos, elementos de um mesmo cosmo, ao se entrelaçarem no interior do Serviço Social, passam a ser determinantes e ao mesmo tempo determinados pela percepção de mundo, homem, objeto e conhecimento adotados pelo pesquisador, enfim, pela forma com que esse tipo de prática social enfrenta as questões conjunturais inibidoras do desenvolvimento do saber na área social.

Todos os trabalhos relativos à pós-graduação no Brasil apontam esses programas como estimuladores da pesquisa e, consequentemente, a universidade como celeiro da produção de um conhecimento formalmente constituído. Felizmente, não chegam a considerá-la como o "templo da ciência" de Albert Einstein ou, como prefere Gaston Bachelard, "a cidade científica",[17] pois a consideram pertencente ao reino dos

---

17. Essa é uma forma de celebração quase que mítica dos pesquisadores que são considerados em permanente comunhão, cooperação técnica e científica, seres

humanos, por isso não lhes poupam críticas. Críticas à vida sedentária da maioria das universidades, ao parasitismo reinante no seu interior em relação à produção do conhecimento, ao papel que desempenham de meras transmissoras de conhecimentos.

Os vícios apontados, quando constatados nessas instituições de ensino superior, impossibilitam a formação de seres humanos, de uma massa crítica de pesquisadores, por isso muito cedo tendem a formar profissionais pragmáticos, medíocres e descomprometidos com as necessidades da sociedade.

A universidade brasileira, de uma maneira geral, tem dificuldade em concretizar os seus objetivos, por isso, essas situações não são específicas dos programas de pós-graduação em Serviço Social. É um problema presente em todas as universidades e cursos, a despeito de as instituições de ensino superior, de acordo com a divisão social do trabalho, se constituírem em local privilegiado para a produção da pesquisa. Mas isso não passa de um paradoxo na história das universidades, pois nem mesmo a pós-graduação, esperança destas, como via de acesso à produção de conhecimento, foi poupada das pressões políticas decorrentes do sistema ditatorial vigente desde 1964 em nosso país.[18] Por esse e outros

---

privilegiados que habitam um mundo à parte da sociedade. Como diz Chrétien (1994, p. 106), Bachelard se refere a "[...] um mundo de cérebros íntegros e rigorosos a evoluir no puro céu do inteligível, movidos apenas pelo desejo de servir à verdade e à felicidade da humanidade". Dessa forma, desconhece a relação de poder existente entre os intelectuais, os conflitos sociais, pois todos pertencem a um microcosmo social regido por regras e códigos próprios.

18. Nesse quadro político, concomitantemente se colocam duas questões que nos parecem conflituosas e contraditórias: ao mesmo tempo em que o regime militar cria condições para o desenvolvimento da pesquisa e qualificação de professores para o ensino e a produção de conhecimento, põe em funcionamento mecanismos de repressão, desestabiliza os movimentos criadores de conhecimentos científicos

motivos é que constatamos que a partir de 1974, quando se delineiam, de forma tenra, algumas pesquisas do corpo docente do mestrado em Serviço Social, essas são ladeadas de grandes dificuldades. Imaginemos então a situação da pesquisa nos cursos da graduação! Porém, temos de reconhecer, sem contudo atribuirmos aos programas de pós-graduação uma importância ímpar no processo da construção do conhecimento no Serviço Social e diminuirmos as iniciativas realizadas anteriormente e fora desse contexto, que foi a partir da criação da pós-graduação na área, principalmente após a saída dos primeiros mestres e doutores, que a pesquisa se tem apresentado de forma mais sistematizada e acentuada. De lá para cá, apesar das dificuldades institucionais vividas pelos programas, como também pelos pesquisadores por esses formados, vemos emergir dia a dia novas produções de pesquisa no Serviço Social.

As considerações anteriores levaram-nos a admitir que esses seis programas, ao longo da sua existência, têm desempenhado papel relevante para a efervescência dessa prática pelo Serviço Social. Mas como tudo é construído sob determinações históricas, além de uma determinada visão de mundo, de homem e consequentemente de educação, os programas de pós-graduação, como não poderia deixar de ocorrer, também estão submetidos a compreensões que, embora não sejam articuladas, nem por isso deixam de ser representativas para a identificação de alguns obstáculos dificultadores da colimação dos seus objetivos e estímulos à pesquisa. Entre os vários obstáculos identificados, a partir dos sujeitos da pesquisa, citamos a pequena oferta de disci-

---

que vão de encontro aos interesses instituídos, faz com que universidades substituam folhas de documentos que colidem com o discurso ideologicamente proclamado para todos e em todos os recantos da sociedade, expurga intelectuais das universidades e até mesmo os elimina.

plinas, o que vem a limitar as alternativas de escolha; a falta de um maior conhecimento do conteúdo programático pelos professores e o obstáculo relacionado à orientação. Esse último obstáculo pareceu pertinente analisá-lo por dois motivos: a) pela persistência com que apareceu em muitas das respostas matizando o entendimento de orientação dos sujeitos pesquisados; b) por nos ter permitido distinguir 4 (quatro) formas de orientação; c) por observarmos que é geralmente no mestrado que muitos dos pós-graduandos têm a sua primeira experiência de pesquisa dentro da perspectiva considerada neste trabalho[19] e mesmo nos casos de realização de pesquisas anteriores a esse momento, é na pós-graduação que esses profissionais tiveram a oportunidade de realizá-las de forma mais sistemática e regular.

Uma questão de orientação

> *Para quem fez a experiência dessa harmonia, a importância dos paralelos traçados entre as concepções de mundo [...] não deixa dúvida. A questão interessante não é, portanto, saber se esses paralelos existem, mas por quê, e, além disso, o que implica sua existência.*[20]

Ao complementarmos a nossa busca de compreensão sobre as implicações da pós-graduação nas objetivações profissionais pela prática de pesquisa, fomos surpreendidos

---

19. Dos 37 (trinta e sete) sujeitos entrevistados, 15 tiveram a sua primeira experiência com a pesquisa no desempenho da prática acadêmica; 15 por ocasião do curso de mestrado; 5 no período de formação universitária (graduação) e 2 na prática institucional.

20. F. Capra, *Taoísmo e física moderna*, in Chrétien, 1994, p. 152.

por um número elevado de sujeitos que enumeram alguns pontos que consideramos dignos de reflexão, por todos que, de um modo geral, compõem o processo de orientação de trabalhos acadêmicos. Não queremos aqui reavivar uma prática costumeira que atribui ao outro elemento (seja a formação universitária, a pós-graduação por meio do desenvolvimento do seu currículo ou orientação individualizada dos trabalhos acadêmicos) a responsabilidade pelas fragilidades teórico-metodológicas apresentadas no trabalho de dissertação ou tese, mas sim refletirmos sobre "por quê, e, além disso, o que implica [...] a existência" (Chrétien, 1994, p. 152) das questões levantadas sobre a relação pedagógica estabelecida no ato de orientar trabalhos nos programas de pós-graduação em Serviço Social. Dessa forma, o alvo que procuramos atingir transcende as ilusões sensíveis nas relações que se estabelecem entre orientador/mestrando e orientador/doutorando, para que, por meio de um conhecimento adquirido e construído pela troca das experiências subjetivas vivenciadas pelos orientandos,[21] possamos saber o porquê da existência de alguns pontos, muitos dos quais conflituosos, existentes nessa relação. Embora não pretendamos com essas reflexões fixar princípios filosóficos e objetivos para a orientação no mestrado e doutorado, quiçá possamos contribuir para o entendimento da orientação como um instrumento de ajuda crítica e reflexiva sobre os inúmeros problemas teóricos e metodológicos emergentes da prática de pesquisa, e que, longe da orientação se apre-

---

21. Esclarecemos que alguns desses antigos orientandos, quando vinculados a universidades, realizam hoje nessas instituições as funções de orientador. Segundo eles, as suas experiências nesse processo têm sido úteis a sua autorreflexão, já que procuram "[...] com esmero e dedicação compreender os anseios e angústias contidas nos alunos". Verificamos que a totalidade de sujeitos que hoje desempenham esse papel, como orientadores de monografias de conclusão de curso, dissertações ou teses, toma por base a sua experiência enquanto orientandos.

sentar como elemento castrador das iniciativas do aluno, ela seja considerada como mediação instigante da formação de pesquisador de um modo geral, de forma a contribuir para o esclarecimento das diferentes atividades existentes na pós, bem como das suas relações, para o desvendamento de necessidades outras substanciais ao bom desenvolvimento do processo e, consequentemente, para o desempenho das pós--graduações em Serviço Social na busca de concretização dos seus objetivos.

É comum no dia a dia da prática acadêmica vivenciarmos situações de descontentamentos e desencanto entre os autores do processo de orientação. Alguns atribuem as suas insatisfações aos professores orientadores que não correspondem aos seus anseios de aluno. Para esses, e aqui explicitamos o pensamento de *L* "[...] apesar do papel que lhe cabe desempenhar como orientador, a variedade de atividades e o número elevado de orientandos para cada professor não permitem a regularidade e profundidade do acompanhamento individual e, muitas vezes, até mesmo a leitura dos trabalhos produzidos".

Temos notado que a situação referenciada por *L* é uma constante na maioria dos programas de pós-graduação em funcionamento no país, embora existam intelectuais da área que afirmam serem as universidades católicas as mais penalizadas em decorrência do sistema funcional dos professores, que vincula a contratação em termos de carga horária ao tipo e número de atividades realizadas. A baixa produtividade do docente pode ocasionar a redução da carga horária. Mas, por outro lado, encontramos também um grande número de orientações por professor, também em programas vinculados às universidades federais, o que demonstra a existência de outros fatores (além do caráter de particular ou de federal da universidade, como o tempo médio para a titulação e o número de professores doutores permanentes na área) a influírem nesse processo. Exemplifiquemos com a situação que se apresenta no quadro seguinte:

Número de orientandos por orientadores e tempo médio para a titulação nos programas de pós-graduação em Serviço Social em 1989

Universidade	Orientandos por orientador	Tempo médio para titulação (meses)
PUC-SP	6,17	91
PUC-RJ	—	49
UFRJ	2,87	66
PUC-RS	1,52	91
UFPb	1,20	68
UFPe	1,68	51

Fonte: Iamamoto, Karsch e Araújo (1992, p. 155).

Mesmo reconhecendo a existência de "variedade de atividades e o número elevado de orientandos para cada professor",[22] temos que admitir que neste fragmento de entrevista existe uma compreensão de orientador que extrapola o entendimento desse, apenas como um ponto de apoio ou, como afirma Severino (1994, p. 30), "[...] uma baliza, um elemento de comparação", um interlocutor que por meio dessa mediação pedagógica rompe, em parceria com o aluno, as modalidades educacionais oficialmente reconhecidas, os objetivos anteriormente estabelecidos, para participar de

---

22. Lembramos que além das atividades correlatas à orientação, esses docentes ministram disciplinas, participam ou coordenam núcleos de pesquisa, realizam pesquisas individuais ou interdisciplinares, além de prestarem assessoria a outras unidades de ensino no Brasil e até no exterior.

forma viva na construção do conhecimento. Pelo contrário, esses professores são tomados pelos alunos como depositários de um saber geral sobre as ciências humanas, são a luz, os caminhos e as soluções para as suas inseguranças metodológicas, inquietações teóricas e curiosidade científica. A esse tipo de orientação denominamos *orientação enciclopédica*.

Para outro grupo de sujeitos, o processo de orientação ainda é limitante, pois são poucos os orientadores que conseguem desempenhar o papel pedagógico de educador — e aqui nos referimos à educação no sentido amplo do termo —, que estimulam o aluno a descobrir e a colocar em movimento a potência criadora existente no interior de cada um, como nos coloca o sujeito *M*: "Sempre tem de se escrever sobre algo já dito por cientistas sociais, filósofos, historiadores e assistentes sociais de renome para que o trabalho possa ser considerado pela academia e para que esse seja aplaudido pelos nossos pares".

O modelo de orientação apontado por *M* preconiza uma concepção mecanicista de pesquisa que tira do pós-graduando a sua posição de sujeito desse processo de construção de conhecimento e o transforma, a exemplo da realidade problematizada, em objeto. Na condição de objeto, o orientando representa um aparelho receptivo que passivamente identifica e registra os estímulos provenientes da ação cognitiva para então apresentar um conhecimento, como resultante da sua pesquisa. Aqui nos parece que esse modelo de orientação incorre em dois erros. O que singulariza o orientando, tirando-o da condição de ser humano, que como tal se constrói na inter-relação das diferentes concretizações das relações sociais, já que, como diz Karl Marx em sua obra, o homem "é o conjunto das relações sociais". O outro erro que apreendemos é o que considera o conhecimento como uma contemplação, quando de fato esse é produto de uma atividade do homem como ser social. A esse segundo modelo chamamos *orientação contemplativa*.

Sabemos que a *orientação contemplativa* não é o caminho a ser percorrido pelos pesquisadores sedentos de conhecimentos desafiantes do saber instituído, conscientes do seu papel de produtores de conhecimentos não dogmáticos mas históricos e conscientes das suas responsabilidades como produtores de um saber construído dialeticamente. O despertar da criatividade muitas vezes se faz presente pelo olhar vigilante do orientador que, ao ter claras as balizas teóricas definidas pelo orientando para nortear o seu trabalho, questiona com esse os conhecimentos já produzidos, sabatina os achados no percurso da investigação e não se limita à transmissão de conhecimentos. Ninguém deve ser condenado a repetir o já dito, a povoar a sua experiência intelectual somente com o que já foi expressado, qualquer que seja o instrumento de comunicação. Com isso não queremos incentivar o descaso e o desconhecimento do já produzido. Não, ele é fundamental e deve constituir o parâmetro teórico norteador do estudo. Mas se quisermos desenvolver a criatividade, o que aliás é uma característica a ser desenvolvida pelo/e nesse processo, temos de evitar que ela adormeça em leito de sonhos construído por conhecimentos já reconhecidamente validados pela "comunidade intelectualizada", temos de arregimentar iniciativas que conduzam a pesquisa por outros caminhos dantes não trilhados.

Por tudo isso é que vemos a orientação ocupar na formação do pesquisador um lugar privilegiado, representar e desenvolver tarefas vitais nesse processo, ser necessária a sua existência desde os momentos iniciais do aluno nos cursos de pós-graduação. Formar um pesquisador não é apenas titulá-lo como mestre ou doutor, mas é, sobretudo, dar-lhe um instrumental metodológico e uma formação teórica que viabilizem sua livre movimentação, porém de forma coerente e sistemática; olhar o mundo com novos olhos de ser transformado, de ser não apenas criativo mas também crítico e lógico, que se movimenta em direção à aventura científica desafiante sem medo de ir ao encontro dos métodos e de questionar os paradigmas teóricos considerados verdades únicas e absolutas.

É esse tipo de relação pedagógica que consideramos importante na orientação de alunos na pós-graduação. A sua especificidade se dá por priorizar a orientação como instrumento de troca de conhecimentos, por ousar uma interlocução crítica, criativa sobre o objeto trabalhado e por procurar conhecer a realidade envolvendo-se com as coisas que compõem as suas múltiplas dimensões, de forma que a partir dessa relação singular possa surgir um conhecimento inovador, viabilizador de uma ação que atue mutuamente sobre o sujeito e o objeto, transformando-os, sem contudo fazer com que esses percam a sua existência real e objetiva. Dessa forma, o método e a teoria trabalhados pelo orientando e orientador, longe de serem elementos paralisantes do desenvolvimento científico, apresentam-se como um caminho cheio de nuanças a serem exploradas, conhecidas e desenvolvidas como o fermento que, ao ser colocado na massa, provoca modificações não apenas aparentes mas até mesmo na sua estrutura molecular. Mas as transformações provocadas quando em contato com outras matérias são recíprocas, pois ao mesmo tempo em que provoca transformação também se transforma. A teoria deixa de representar algo morto, acabado, decorrente de comportamentos rigorosamente formalizados por espíritos viciados pelas convenções científicas descontaminadas de manifestações do senso comum[23] e

---

23. Quando assim concebemos a teoria, manipulamos os dados empíricos de forma a que esses fiquem na teoria bem encaixados. A epistemologia passa a ser uma forma de enquadramento de aspectos da realidade concreta, uma escolástica no sentido amplo do termo, ou seja, uma doutrina capital para a elaboração racional do conhecimento. Como afirma Antônio Joaquim Severino (1994, p. 32), a teoria é teorizada e não teorizante, por isso deve ser concebido o seu "papel pedagógico [...]

passa a ser o porto que, ao mesmo tempo em que ancora as nossas inquietações e as expele, nos impulsiona à criatividade crítica e nos leva a buscar novas descobertas.

Como podemos notar, esses prolegômenos sobre a questão da orientação no contexto deste trabalho não se apresentam como desnecessários, já que essa tanto pode fazer avançar o processo de crescimento intelectual do aluno, o seu despertar para a importância e gosto para a pesquisa como pode, por meio de um comportamento castrador por parte do professor-orientador e de uma relação de dependência do pós-graduando, impedir o emergir de um novo pesquisador. É por isso que atribuímos um grande valor e significado à formação do pesquisador na sua própria experiência como sujeito que se qualifica para a produção do conhecimento. Acreditamos que é na formação, como um todo, e em particular na relação entre orientando e orientador, por ser mais pessoal, que muitas das questões relativas à apreensão do objeto são despertadas. A partir desse momento, o orientando pode adquirir a clareza de que somente na prática social, no desenvolvimento das suas atividades pode, como pesquisador, apreender o objeto. Dessa forma, não podemos abstrair da pós-graduação o processo de orientação, tendo em vista ser considerado, principalmente pelo aluno, um ponto-chave e até definidor da qualidade da sua formação. Falamos no capítulo anterior da importância das nossas experiências sociais, pessoais para todos os nossos empreendimentos. Não é exatamente aqui que iremos desconhecer uma situação delicada e complexa que verificamos estar presente na mente de muitos dos nossos entrevistados.[24]

---

como guia, como condutor. De um certo ponto de vista, ele deve nos guiar, constituir um apoio para que nos aproximemos do nosso objeto".

24. É interessante notar o peso da orientação na vida dos pós-graduandos e como essa experiência continua presente nas experiências de pesquisadores, mestres e até doutores, pois mesmo que não tenhamos feito nenhum tipo de pergunta rela-

Não constatamos por meio das entrevistas uma posição consensual em relação à orientação, pois ao analisá-las nos foi possível reuni-las em 4 (quatro) grupos, que nos permitiram compor 4 (quatro) modelos de orientação. Os representados pelas letras *L* (orientação enciclopédica) e *M* (orientação contemplativa), já anteriormente apresentados, um terceiro grupo que atribui à orientação uma importância ímpar na formação e bom desempenho do aluno na pós, chegando com esse aluno a partilhar as responsabilidades e coautorias dos trabalhos acadêmicos, como afirma *N*,

> A minha experiência é apenas como mestranda, pois ainda não pensei em fazer doutorado. Mas no momento em que eu estava desenvolvendo o meu projeto e escrevendo a minha dissertação, a forma como a minha orientadora me ajudou foi muito boa. Ela demonstrou entusiasmo com o trabalho, se envolveu totalmente, chegando ao ponto de, até mesmo, estudarmos juntas. Sei que essa não é uma conduta comum, pois vejo muitos colegas que pouco acesso têm ao seu orientador. Mas você não acha que isso é necessário? Pois no mestrado ainda estamos dando os primeiros passos em direção à pesquisa, precisamos de ajuda, igual a uma criança nos seus primeiros anos de vida.

A concepção adotada por *N* pareceu-nos guardar uma relação de dependência entre o orientando e o orientador, prejudicial à autoafirmação e autonomia do primeiro como pesquisador, como também poderá influenciar o processo criativo necessário ao bom desempenho das tarefas que lhe são atribuídas profissional e institucionalmente para o avanço do conhecimento. O processo, quando assim desenvolvido, alimenta a insegurança geralmente presente nos pós-gradu-

---

cionada a essa questão, ela emergiu de forma forte na resposta à pergunta: "Ao realizar a pesquisa na pós-graduação, encontrou você algum tipo de dificuldade?"

andos, dissimula as fragilidades não somente do ponto de vista teórico mas também para a criação de um instrumental que os leve a apreender, a partir de uma metodologia definida, o objeto na sua complexidade concreta. Complexidade que só é desvendada e objetivada pelo homem, por meio do processo de pesquisa crítico, sistemático e criativo do pesquisador. Como Severino (1994, p. 30), também acreditamos que a elaboração dessa natureza "[...] acaba se transformando numa tarefa, às vezes, de reelaboração do trabalho, de uma prática muito mecânica de fazer junto aquilo que deveria, na realidade, ser obra eminentemente pessoal do orientando". A dominância desse tipo de relação acaba por manifestar traços de inatividade entre os estímulos que a formação da pós-graduação oferece para a pesquisa, e a limitação das respostas dadas a esses estímulos, pois o orientando, a exemplo da passividade atribuída e assumida nos modelos enciclopédico e contemplativo, não consegue nem o direito assegurado de introduzir algo de si no conhecimento que está a produzir. A esse terceiro modelo designamos *orientação de latência*.

O último grupo, embora admitindo que o papel de orientador é ser vigilante, "assistir" o aluno, tirá-lo dos impasses frente às questões metodológicas de pesquisa, não vê o porquê do trabalho final ser considerado fruto de ambos, pois segundo O

> [...] o duro mesmo é feito pelo aluno. Temos de fazer de tudo para que o produto seja de boa qualidade, pois no final das contas não é o orientador que sai reprovado ou aprovado na defesa, mas sim a pessoa que está se pós-graduando. Eu sei que existe universidade, felizmente nessa não existe pós-graduação em Serviço Social, em que o orientador é coautor. Mas não conheço nenhuma universidade que reprove este no momento da defesa. Eu não acho certo esse tratamento.

Todos esses sujeitos demonstram insegurança em relação à metodologia da pesquisa e paradigmas teóricos, por isso necessitam de uma interlocução mais permanente com o orientador. Para o filósofo anteriormente citado, esse comportamento por parte do orientando se caracteriza como falta de ousadia em superar as diferentes lacunas existentes na sua formação. Mas, pelo que percebemos a partir dos significados das respostas que nos foram dadas, existem situações que aprofundam a insegurança do pós-graduando, acrescentam novos temores e até cortam-lhe as asas para que esse candidato a pesquisador não se aventure em um voo mais alto, bata um novo "recorde", faça o conhecimento científico avançar. O sujeito M colocou claramente esse tipo de experiência vivenciada por uma boa parte dos alunos.

Foram essas as principais formas de orientação desenvolvidas pelos programas de pós-graduação. Vimos que elas apresentam determinações relativas ao comportamento do orientando e do orientador; determinações que significam outros e vários caminhos, bem como posturas investigativas que poderão conduzir tanto a uma ação contemplativa como passiva. É o caso, por exemplo, dos pesquisadores que não conseguem superar as experiências decorrentes da orientação enciclopédica, contemplativa e de latência, por isso não adotam uma atitude dinâmica, como acontece com os que procuraram fazer da orientação um dos momentos privilegiados da pós-graduação, para um agir interativo. Como vencer esse impasse entre os objetivos dos cursos de pós-graduação de qualificar profissionais para a pesquisa e algumas tendências de orientações vigentes no meio acadêmico? Acreditamos que a complexidade dessa questão requer um estudo voltado exclusivamente para a orientação, por isso ela fica aqui registrada como forma de provocação para o debate pela comunidade universitária.

Seja qual for a relação estabelecida entre orientando e orientador, os objetivos e estímulos da pesquisa pela pós-graduação têm de estar munidos de empreendimentos e esforços, no sentido de quebrar o escudo mistificador que eleva a pesquisa ao plano acessível apenas aos gênios individuais que, possuidores de um cajado dotado de poderes intelectuais, veem como desnecessárias as interlocuções, a pluralidade de colaborações direta ou indiretamente, antes e durante o seu prosseguir investigativo, e posteriormente à elaboração do produto. Isso não contradiz o que já tratamos anteriormente em relação à criatividade e autonomia, mas preconiza o fato de que a pesquisa, mesmo durante a formação de pesquisadores, ou seja, mesmo quando constitui uma exigência acadêmica para efeito de titulação, é um trabalho plural. Pluralidade que só tem razão de ser e só se confirma à medida que a expedição avança na construção do objeto.

Ao serem traçados, gradual e permanentemente, os caminhos da pesquisa, esta adquire características peculiares, embora permeadas de complementaridade, requeridas durante todo processo, seja por meio de direcionamentos metodológicos, quando buscamos orientações sobre o método, seja quando procuramos por meio de uma leitura crítica os subsídios teóricos para as nossas reflexões, seja ainda quando refletimos com colegas, professores e até sujeitos outros envolvidos pela pesquisa sobre os nossos achados, as nossas apreensões. Consideramos esses recursos imprescindíveis a esse processo; por isso, no contexto da pós-graduação, embora a pesquisa represente um ato solitário, nunca poderá ser concebida como um trabalho individual, e a orientação, para que dê conta da complexidade presente no processo de formação do pesquisador, tem que se estabelecer a partir de uma relação *interativa*. Nesse tipo de orientação, o orientando desenvolve um papel ativo, ao mesmo tempo em que é submetido a condicionamentos sociais que, ao incidirem sobre o conhecimento, dão-lhe a coloração de um saber socialmente transmitido. A tríade constitutiva desse processo, o orientador, o orientando e o objeto de estudo, conserva a sua existência real e objetiva, apesar de seus elementos agirem um sobre o outro. A interação desenvolvida entre esses elementos da orientação apreende o objeto na sua consistência concreta, sem, contudo, perder a sua autonomia.

É por isso que precisamos, contudo, ter claras as diferenças entre dependência e autonomia, para então podermos apreender as influências da orientação sobre a formação de pesquisadores e suas vidas futuras. Depender, para Cunha (1991, p. 247), significa "estar sujeito", "proceder" segundo determinações de alguém que se coloca ou foi colocado numa posição de mando, poder, no nosso caso decorrente de um saber científico reconhecido. Assim estabelecida, a relação entre orientando e orientador é maléfica ao desenvolvimento do neopesquisador, pois não é estimulado nem despertado o potencial criador que, por incipiente que seja, existe no aluno. Daí, muitas vezes, o fechamento desse, a sua inibição, a sua falta de ousadia em assumir o seu papel de pesquisador. Por sua vez, autonomia não significa independência, descomprometimento metodológico e desconhecimento do conhecimento produzido e acumulado ao longo dos anos por pesquisadores. É uma forma de produzir, discutir, incorporar saberes mais consistentes, de socializar as múltiplas dimensões apreendidas pelo ato intelectivo sobre o real, sem que o pesquisador se abstenha de fazer a sua própria criação, fazer com que o conhecimento avance.

A relação entre o conhecimento já produzido e o novo é mediada pela criatividade. Essa, com esmero metodológico e uma postura questionadora, procura dar um tratamento crítico e diferenciado aos vários conteúdos teóricos, de forma que no contexto do estudo esses conteúdos possam se relacionar ao tema investigado e fazer com que este se relacione com outros, inclusive, de áreas diferentes. Por isso o caráter da pesquisa é bifacetado, muito embora a sua natureza social esteja mais presente nesse empreendimento do que a individual. Ao considerá-la como social, apreendemos a pesquisa como um processo que envolve uma vasta cooperação humana, cooperação trazida ao pesquisador por meio dos métodos, técnicas e teorias anteriormente elaborados e socializados.

Evidenciamos no contexto de nossas análises algumas formas de orientações vivenciadas pelos pós-graduandos da década de 1980 e observamos que, qualquer que seja o modelo de orientação empregado, esse apresenta implicações decisivas na atitude investigativa do aluno e, consequentemente, na sua maneira de conceber o processo de pesquisa.

Em termos de relação pedagógica, sentimos o desencanto dos que pretendiam transformar a sua passagem pelo mestrado e doutorado em uma oportunidade ímpar que os habilitasse cada vez mais a assumir o compromisso com a prática da produção de conhecimento no Serviço Social. É evidente que muitos conseguiram enfrentar os desafios encontrados no processo e souberam aproveitar os momentos da orientação como um espaço privilegiado para o crescimento intelectual e pessoal não só do orientando mas também do orientador. Foram vários que, contaminados pelo vírus da indagação científica, tiveram nesse processo o ponto de partida e de chegada para um outro tipo de objetivação profissional, dessa feita por meio da prática teórica.

A prática teórica exige um esforço cotidiano que requer o desprendimento do sujeito empreendedor da pesquisa para a construção de um conhecimento inovador não apenas discursivo, mas que, não importando as preocupações e ocupações advindas desse construir, apresente outros percursos do homem no seu expressar-se histórico.

2. Objetivações profissionais pela prática de pesquisa: o caso dos pós-graduandos

> *Desconfieis do mais trivial*
> *na aparência singelo*
> *E examineis, sobretudo, o que parece habitual.*
> *Suplicamos expressamente:*
> *não aceiteis o que é de hábito*
> *como coisa natural,*
> *pois em tempo de desordem sangrenta,*
> *de confusão organizada,*
> *de arbitrariedade consciente, de humanidade*
>   *[desumanizada,*
> *nada deve parecer natural*
> *nada deve parecer impossível de mudar.*[25]

Apesar da persistência de dificuldades metodológicas, teóricas e institucionais de muitos dos pós-graduandos na interlocução com a pesquisa, pudemos observar por meio do nosso estudo o esforço empreendido por esses sujeitos e as contribuições de muitos trabalhos resultantes de pesquisas desenvolvidas na pós-graduação para o avanço do Serviço Social. Por isso é que não nos limitamos a expor somente a exígua produção da pesquisa em nossa área. O desconhecimento da existência de um estatuto de pesquisador para a profissão, inclusive por parte de uma grande maioria dos profissionais do Serviço Social, consequentemente, leva à falta de reconhecimento da nossa capacidade de produção de conhecimentos científicos. Procuramos, isso sim, por meio de um voo alto, porém intimamente ligado à realidade e com olhos aguçados como os de águia, entender e apreender a pesquisa como processo histórico, mesmo que para isso tenhamos que agir como Perseu que, segundo Ítalo Calvino

---

25. B. Brecht apud Chizzoti (1994, p. 87).

(1991, p. 19), sempre que o "reino do humano" lhe parecia "condenado ao peso", voava para outro espaço.

No nosso entender, a movimentação de Perseu não é uma fuga para o sonho ou o irracional, mas se verifica no sentido de provocar uma mudança consciente do ponto de observação para que o mundo seja considerado "[...] sob uma outra ótica, outra lógica, outros meios de conhecimento e controle". Assim sendo, essa postura em nada pode parecer um fixar-se no plano abstrato; pelo contrário, é um esforço de entendimento do objeto de estudo em suas múltiplas dimensões, é o exercício dialético que nos permite apreender a produção do conhecimento no Serviço Social por meio do movimento que aproxima o abstrato do concreto. Para nós, a postura investigativa representa um processo que permite a eliminação de discussões vagas, abstratas, sem colocar em prática os resultados do ato reflexivo-crítico que é célula ovular de uma prática profissional permanentemente em transformação. É por seu alcance que tentamos apreender a pesquisa como um processo que busca, por meio das várias objetivações, que constituem a multidimensionalidade da produção do conhecimento, construir, de forma planejada e crítica, um saber viabilizador de novos caminhos para as práticas sociais enquanto manifestações da práxis humana.

Dissemos anteriormente, neste capítulo, que a universidade se produz de acordo com a forma de produção da sociedade, agora afirmamos que as objetivações profissionais pela pesquisa se verificam de maneira idêntica ao modo pelo qual o homem produz a sua existência. Não temos por isso como acicatar a percepção abstrata de pesquisa, pois ela é fruto da objetivação do pesquisador que, como sujeito-autor da produção do conhecimento, não pode ser afastado do seu produto, e este não pode ser dissociado do ato criador do homem. O homem guiado pelo senso comum pode até existir sem o conhecimento científico, mas o homem que tem na pesquisa uma das formas de se objetivar não consegue, como sujeito pesquisador, sobre-existir sem a sua realização. Daí acreditarmos na impossibilidade da existência do pesquisador sem a pesquisa, da mesma forma que é inconcebível a existência de um produto de pesquisa sem pesquisador. Assim sendo, tanto o pesquisador como a pesquisa guardam entre si uma relação ontológica, em que o homem, no seu autoproduzir-se como pesquisador, produz conhecimento científico, se objetiva por meio do seu projeto de investigação, do manuseio do instrumental da pesquisa, da assimilação de teorias e de uma postura crítica e consciente em frente à realidade examinada.

As objetivações profissionais pela prática de pesquisa não representam um fac-símile do real observado, um retrato formalmente escrito da realidade tal qual essa se constitui na sua manifestação visual e temporal, tampouco a face instantaneamente visível do pesquisador. O profissional, ao se objetivar no trabalho de pesquisa, permeia a apreensão racional do real por sua crença, ideologia, cultura, forma de falar, ouvir e interpretar esse real, enfim, de acordo com as experiências adquiridas no decorrer da produção das condições materiais de sua própria existência. Essas condições são apresentadas ao pesquisador como ser particular que conscientemente se deixa contaminar por essa objetivação. Mas nem sempre existe esse discernimento no mundo construtor do conhecimento científico, pois os envoltórios das concepções científicas clássicas de pesquisa impedem a retaliação crítica da relação íntima entre o sujeito e o objeto! Não deixam escapar nos seus discursos fetichistas tal relação, principalmente se, num momento de crise política, os ventos opressivos sopram a favor do desenvolvimento de uma ciência burguesa.

O fetichismo do conhecimento científico submete o produto da pesquisa às mesmas injunções que a economia política submete a mercadoria. Isso ocorre à medida que, em nome de uma neutralidade científica, algumas correntes filosóficas tendem a expurgar do conhecimento produzido a forma pela qual o pesquisador se objetiva por meio do trabalho de produção da pesquisa. É aqui que o fórceps científico é aplicado pela mão cuidadosa e mente habilidosa do pesquisador, que tudo faz para que o produto resultante do trabalho do homem, aparentemente, dele se desloque e, independente do seu ato criador, proclame a verdade e adquira vida própria. Tudo não passa de uma aparente autonomia do produto, em relação ao seu criador. Ao nosso ver, é uma esquálida metamorfose epicuriana[26] ou, como diz Karl Marx, é o caráter misterioso da mercadoria. Misterioso

> [...] simplesmente por encobrir as características sociais do próprio trabalho dos homens, apresentando-as como características materiais e propriedades sociais inerentes aos produtos do trabalho; por ocultar, portanto, a relação social entre os trabalhos individuais dos produtores e o trabalho total, ao refleti-la como relação social existente à margem deles, entre os produtos do seu próprio trabalho (Marx, 1980, p. 81).

Como forma de objetivação profissional, a pesquisa não pode escapar das múltiplas influências decorrentes da sociedade, nem mesmo quando em estudos de laboratório os pesquisadores desenvolvem pesquisas exploratórias e manipulam friamente as variáveis. Até mesmo nesse ambiente, embora de forma mais suave, os modelos ideológicos, políticos, culturais e econômicos da sociedade se manifestam, apesar dos esforços de ocultação empreendidos, muitas vezes, pelo pesquisador. Por isso, a feição fantasmagórica atribuída a esse ato de objetivação humana é insustentável diante da força que submerge da engrenagem social, na sua construção histórica. Assim sendo, é interessante notar que a pesquisa, como objetivação

---

26. Epicurismo é a doutrina filosófica que identifica o bem soberano com o prazer. É encontrado na prática da virtude e na cultura do espírito.

profissional, não pode ser concebida dentro de um quadro teórico que preconiza a perfeita integração das partes com o todo, que privilegia uma visão de mundo em equilíbrio, como faz o positivismo, sob pena de reificar a realidade e, consequentemente, transformar a pesquisa em instrumento de construção de pseudoconhecimentos. Ou seja, conhecimentos falseados pela visão automatizada da relação entre o produtor e produto. Nas palavras de Kosik (1989, p. 19), esse falseamento é a manifestação da "práxis utilitária", é justamente a pseudoconcreticidade que, ao ocultar o mundo real, impede que o mundo da práxis humana seja desvendado e a "realidade humano-social" seja compreendida "[...] como unidade de produção e produto, de sujeito e objeto, de gênese e estrutura" (Kosik, 1989, p. 18). Esses conhecimentos, dados como prontos, jamais dão conta da realidade do homem como ser em permanente construção e constitutivo do processo social.

Tudo isso reflete em nós a necessidade de perguntar não o que é objetivação profissional pela prática da pesquisa mas, como ocorre a produção da objetivação profissional pela prática de pesquisa para os pós-graduandos? Pois ambas as questões, embora aparentemente iguais, nos levam a respostas diferentes. A primeira norteia as reflexões abstratas e representa um tipo de compreensão que leva ao desvelamento do objeto e, por isso, transmite a ideia de produção intelectual acabada, existente por si mesma, que pode ser deslocada do tempo e do espaço que a geraram. A segunda, efetivamente concreta, faz-nos apreender que as formas como são produzidas as pesquisas são coincidentes com o processo de produção da existência humana, isto é, concretizadas pelas mediações influenciadoras da maneira pela qual ocorre a produção da existência do pesquisador, num dado contexto social e em determinada etapa do desenvolvimento histórico.

A pesquisa, no seu desenvolver-se, objetiva apreender o real na sua totalidade. Essa afirmação, por vezes, pode aparentar um caráter dúbio, quando se entende o real como sinônimo de empírico. Isso tem conduzido a sérias confusões de compreensão sobre o movimento de ascensão que, dialeticamente, conduz o conhecimento do abstrato ao concreto, tendo em vista, nem sempre, o abstrato ser compreendido como face do real e este como manifestação concreta do produzido abstratamente. Tentemos explicitar melhor esse dilema a partir das seguintes premissas: primeiro, por mais próximo que se apresente o conhecimento da realidade, o seu caráter de elaboração abstrata estará sempre presente no seu movimento, fazendo-o representar contraditoriamente tanto a atividade teórica constitutiva do processo de pesquisa, como a representação empírica do objeto. Segundo, o empírico, na sua manifestação real, é abstrato, tendo em vista que a sua apreensão pelo homem se dá por meio de elaborações do pensamento.

É precisamente por isso que o esteio da relação entre abstrato e concreto, teórico e prático está na superação do caráter imediato do objeto e na incorporação das múltiplas dimensões do concreto, presentes no real. Essa superação só é possível quando o ato investigativo não é limitante de análises abstratas e dinamicamente se movimenta por meio de uma reflexão crítica e concreta em direção ao desvendamento do objeto na sua totalidade. Karl Marx (1977) considera que há unidade dialética entre teoria e prática, já que para ele a teoria é a expressão resultante de um pensar interpretativo, crítico e desvendador do real.

As objetivações efetivadas no Serviço Social pela pesquisa refletem muito mais do que uma organização sistemática do conhecimento, pois a sua significância resulta da relação que essa prática social desenvolve, na sua constituição de prática profissional, inserida numa sociedade cujas bases se centram num sistema de produção capitalista. Marx (1977, p. 27-28) diz: "tal como os indivíduos manifestam sua vida, assim são eles. O que eles são coincide, portanto, com sua produção, tanto com o que produzem, como com o modo como produzem. O que os indivíduos são, portanto, depende das condições materiais de sua produção".

Ao trazermos essas afirmações para o contexto das nossas reflexões, verificamos que as formas de determinações das objetivações do homem, como ser pesquisador, representam os limites impostos historicamente ao desenvolvimento da pesquisa pelo Serviço Social que abrange desde uma formação substancializada em exigências constantes de construção do saber até as condições materiais que lhe são apresentadas para a realização desse empreendimento. Por isso é que só podemos apreender as objetivações dos pós-graduandos pela pesquisa, se nos dispusermos a observar esses sujeitos de forma ativa, imbricados e contaminados pelas múltiplas relações contidas no seu processo de vida real. Em outros termos, isso significa que tanto é importante sabermos quem são esses sujeitos, ou seja, quem são os pós-graduandos da década de 1980, como quais as condições contidas no seu processo de vida real e de formação na pós-graduação.

Uma das maiores dificuldades por nós encontrada nesta pesquisa foi levantarmos informações que nos permitissem conhecer os sujeitos colaboradores deste trabalho, pois a distância geográfica entre nós e pesquisados inviabilizou que aspectos sutis, extrapolantes às manifestações imediatas, fossem apreendidos por esse processo construtivo. Dentro do que nos foi possível apreender, constatamos que os sujeitos demandatários da pós-graduação em Serviço Social têm, em sua totalidade, formação básica em Serviço Social;[27] que essa formação, apesar da obediência ao currículo mínimo estabelecido pelo MEC, apresenta diferenciações entre as

---

27. Apesar de já existir, nos anos 1980, uma procura pelo mestrado em Serviço Social por parte de profissionais de outras áreas. Convém ressaltar, contudo, que foi o Curso de Pós-graduação da UFPb que atribuiu, naquela década, título de mestre em Serviço Social a outros profissionais como psicólogos, médicos, jornalistas, historiadores, arquitetos etc.

unidades de ensino no que se refere à constituição da grade curricular, número de créditos por disciplina, ementários e, principalmente, pela forma com que os conteúdos programáticos são trabalhados em sala de aula.

Outro aspecto que consideramos importante ressaltar para melhor permitir uma caracterização dos nossos sujeitos é o que se refere ao tempo de formado e à experiência profissional. Na sua maioria são profissionais atuantes, há algum tempo, na área da docência, docência e prática profissional ou simplesmente atuam em órgãos públicos e privados. Poucos foram, porém, os sujeitos dessa pesquisa que, ao ingressarem no mestrado, não tinham ainda desenvolvido nenhum tipo de prática profissional e que ainda não tivessem experimentado a necessidade de ultrapassar as funções "técnico-executivas profissionais".

Ao levantar essa situação queremos mostrar que fomos contemplados em nossa amostra com sujeitos que fogem da média, em relação ao universo de pós-graduados que, segundo Baptista e Rodrigues (1992, p. 123), têm por volta "[...] de 3 anos de formados e que nem sempre têm experiência profissional". Essas características são elementos básicos contidos na formação de pesquisadores, por isso é que não podem ser esquecidas no momento que procuramos apreender a objetivação profissional pela prática da pesquisa. Não só demonstram o perfil, mas, principalmente, o modo como o Serviço Social se produz na realidade brasileira, como procura dar conta das exigências demandadas por esta sociedade e como a sua ação intelectivo-crítica viabiliza os atendimentos dos reclamos internos emergentes na profissão.

A universidade tem desenvolvido, com mais frequência, o papel de transmissora de conhecimento, ou seja, uma simples consumidora, repetidora, muitas vezes, acrítica de conhecimentos importados para formação profissional. Por isso, não se observa, até a década de 1980, um maior empenho com a prática de pesquisa na graduação, pois os seus professores sentem

PESQUISA EM SERVIÇO SOCIAL 117

dificuldades em articular ensino com pesquisa.[28] Mesmo assim, muitos dos pesquisadores componentes da nossa amostra, que hoje, são reconhecidos nacional e até internacionalmente, pelos seus valorosos trabalhos teóricos no Serviço Social, afirmaram que o seu despertar para a importância da pesquisa ocorreu ainda na graduação, muito embora a pós-graduação tenha servido para aprofundar os seus conhecimentos em relação a essa prática, para "estimular a investigação e a problematização sobre as questões inquietantes referentes à realidade", como afirmou P, com muita ponderação.

Todos esses sujeitos abordados, ao desenvolverem os seus projetos de dissertação, não encontraram dificuldades, além das geralmente impostas a qualquer pesquisa. Para os demais, com exceção dos alunos que realizam pesquisa no doutorado, e que por isso têm as suas produções submetidas a maiores exigências, por parte da comunidade acadêmica, e já apresentam certa maturidade em relação à produção do conhecimento,[29] o desenvolvimento da pesquisa por ocasião do mestrado foi uma experiência contraditória, pois ao mesmo tempo que se apresentava sob a veste ostentadora de um poder intelectual, decorrente da capacitação para a pesquisa e pela visibilidade que esse processo permite do objeto, também foi um momento de grandes debates interiores, de

---

28. Com a implantação do novo currículo mínimo, foi inscrita a partir de 1982 a matéria pesquisa, que após desdobramentos pelas diferentes unidades de ensino que contaram com a assessoria da ABESS, passa a fazer parte do elenco das disciplinas obrigatórias para os cursos de Serviço Social. No período compreendido entre 1979-1982, a discussão sobre a importância da pesquisa para o Serviço Social é extrapolante aos muros das universidades, já que as associações regionais e nacionais da categoria refletem sobre a questão. É um momento propício para o avanço da pesquisa em nossa área, tendo em vista a veemência do reconhecimento da pesquisa como processo integrante da intervenção profissional na realidade concreta.

29. Com isso não queremos induzir a um raciocínio abstrato que leve à idealização de alunos do doutorado, como elementos na fase terminal da sua formação como pesquisadores. Sabemos e defendemos a concepção que vê o homem, e por isso o pesquisador, em constantes transmutações, ou seja, num movimento de produção permanente da sua própria existência.

desmoronamento de ideias preconcebidas e, sobretudo, da explicitação, de forma mais clara, das dificuldades teórico--metodológicas. Levemos novamente em consideração o depoimento do sujeito O, quando ele apontou alguns problemas relativos à orientação: "[...] o duro mesmo é feito pelo aluno. Temos de fazer tudo para que o produto seja de boa qualidade", por isso é que reconhece, no desenvolvimento de sua entrevista, que "as atividades da pós são desafiantes, daí estimularem a pesquisa". Porém, afirma logo em seguida,

> [...] se a pesquisa faz parte da pós, seja ela no Serviço Social, Economia, História etc., deveria estar mais presente nesses programas o espírito empreendedor da produção do conhecimento científico a partir dos próprios professores, para que esses, na sua totalidade, apresentem condições de passar minimamente os conhecimentos necessários ao preenchimento das lacunas de formação, como as que se manifestam sob forma de fragilidades teóricas e de desconhecimentos sobre a metodologia da pesquisa social.

Os sentimentos conflitantes entre os novos paradigmas, principalmente quando o Serviço Social procura se desvencilhar da prática positivista para adotar o materialismo histórico como um ideário de uma nova postura profissional, geraram insegurança, receio e expectativas. Não existia, ainda, no Serviço Social uma fundamentação teórica consistente nessa matriz, daí apresentar dificuldades em encetar reflexões sobre as questões sociais, a partir das relações sociais. Não é sem motivo que ao analisarmos as produções dos pós-graduandos nos deparamos com estertorantes nós teóricos, ou, como, diria Thompson (1981, p. 90), "vacuidades teóricas" que não conseguem, além da ilibada vontade de dialogar com o marxismo, apresentar proposições argumentativas para um desempenho profissional que apreenda o social dentro dos novos fluxos da história. Contudo, não podemos apresentar, de forma generalista, essa análise, pois também nos deparamos com trabalhos possuidores de consistência teórica e metodológica, com objetivações que, ao romperem a fixidez absoluta dos metafísicos, produziram trabalhos teóricos sem dessubstancializar o objeto.

Do exposto até agora, depreendemos que a pesquisa, no Serviço Social, constitui uma atividade recente, pois somente na década de 1980 são ensaiados passos mais firmes, não obstante os esforços pioneiros aqui já lembrados. Por isso, a existência de emaranhados epistemológicos, de confusões entre posturas metodológicas e insegurança em relação à manipulação do instrumental necessário a essas objetivações e, por último, a apresentação de certas transmutações teóricas dentro da mesma produção, colaborando para que seja atribuído ao trabalho característica eclética. Apesar da persistência com que essas fragilidades foram evidenciadas nas produções, não podemos negar o grande esforço empreendido por todos esses sujeitos, tanto no sentido de empreender uma análise crítica do ponto de vista do materialismo histórico, quanto por meio de análises positivistas, estruturais ou fenomenológicas, no aspecto de tentar produzir um conhecimento dentro dos modelos estabelecidos por essas correntes teóricas.

Enfatizando, inicialmente, a análise quantitativa,[30] a produção da pesquisa dos discentes da pós-graduação cresceu tanto em número como em qualidade, em relação à década anterior.[31] Primeiramente, atribuímos esse crescimento ao aumento de profissionais titulados como mestres e dou-

---

30. A preocupação com a análise quantitativa é mais acentuada até 1984. A partir de então, com a utilização da matriz marxista, se percebe uma maior preocupação com os estudos qualitativos, chegando a ponto de ser negado qualquer tipo de tratamento estatístico, sob pena de a produção científica ser rotulada de positivista. Isso constitui um grande engano e incompreensão da matriz metodológica do materialismo-histórico.

31. Como já apresentamos, só na década de 1980 foram realizadas 310 pesquisas nos diferentes programas de pós-graduação, sem falarmos nos outros tipos de produções acadêmicas que, embora não cumprindo as exigências formais de um projeto de pesquisa, não deixam de ser formas de objetivações dos discentes.

tores, pois, embora todos os programas tenham sido criados na década de 1970, somente os ligados à PUC-SP e à PUC-RJ conseguiram, naquele período, mais precisamente em 1974, titular os seus primeiros mestres. Foi de fato a partir de 1980 que o fluxo de dissertações defendidas aumentou, principalmente devido ao funcionamento regular em que todos os cursos se encontravam. Mas o período áureo, pelo menos quantitativamente, ocorreu em 1984 com o maior número de defesas nos cursos da PUC-RJ, UFRJ e UFPb.

Quadro I

Fluxo de saída de mestres e doutores por programa.
Período 1980-1989

Ano	Programa						Total
	PUC-SP	PUC-RJ	UFRJ	PUC-RS	UFPb	UFPe	
1980	11	11	2	—	—	—	24
1981	5	8	5	4	—	—	22
1982	4	19	5	4	—	—	32
1983	7	6	4	1	2	1	21
1984	8	14	11	3	11	3	50
1985	8	11	4	2	3	2	30
1986	10	10	1	2	6	3	32
1987	10	9	2	2	1	7	31
1988	11	8	—	4	3	3	29
1989	13	3	4	10	3	6	39
Total	87	99	38	32	29	25	310

Fonte: dados levantados a partir dos catálogos que nos foram enviados pelos programas sobre as suas produções.

Em segundo lugar, acreditamos que os esforços encetados pela ABESS, por esses programas[32] e, nos últimos anos da década, pelo CEDEPSS, serviram para apresentar a pesquisa não apenas como um recurso instigante e integrante da intervenção do Serviço Social na realidade concreta, mas também para advertir que o futuro é constituído pelo presente, já que o futuro por si só não garante o reconhecimento do estatuto de pesquisador para a área. Por isso, se o Serviço Social quer ser reconhecido como produtor de conhecimentos,[33] tem de agir no sentido de concretizar essa utopia, precisa construir o futuro e não apenas acreditar nele, a partir da, e aqui tomamos emprestado de György Lukács, "[...] ineliminável concomitância operativa entre o homem singular e as circunstâncias sociais em que atua" (Lukács, 1979, p. 84), para que, dessa forma, a pesquisa possa, para nós, constituir uma realidade. Aqui mais uma vez se apresenta a relação entre produção de conhecimento com as formas de produção do homem, entre a produção do conhecimento e as implicações sociais que decorrem do processo de produção da humanidade. Esse fato é notório, não apenas pela forma como se produz o conhecimento no Serviço Social, mas também pela maneira com que os dilemas postos à sociedade pelas crises político-econômico-culturais repercutem no Serviço Social e o impulsionam à produção de um saber concreto.

Na seara das objetivações pela prática da pesquisa, podemos constatar diferentes polos temáticos dentro das linhas de

---

32. Ammann (1983) assinala o empenho de docentes dos diferentes programas de pós-graduação em Serviço Social em formar grupos e núcleos de pesquisa. Segundo essa pesquisadora, já nos primeiros anos de 1980, os professores, aproximadamente 78,5%, desenvolvem projetos de pesquisa individualmente ou em grupo.

33. Aqui queremos ressaltar que o Serviço Social, hoje, graças aos esforços dos seus pesquisadores, já obteve um certo reconhecimento e legitimidade como uma prática também capacitada para produção do conhecimento. Só para citar, lembramos a sensibilidade apresentada pelos órgãos financiadores, principalmente Capes e CNPq que, a partir da segunda metade da década de 1980, passaram a dar mais importância às temáticas de pesquisa trabalhadas pelo Serviço Social.

pesquisas definidas pelos programas de pós-graduação. Essas linhas, de acordo com Nobuco Kameyama (Baptista e Rodrigues, 1992, p. 15), ao abarcarem as diferentes concentrações de áreas existentes nos programas, estão assim compostas:

> análise das metodologias e/ou instrumentos de intervenção, estudos de objetos e processos sociais, formação profissional e ensino do Serviço Social, limites e possibilidades da prática do Serviço Social nas instituições, teoria e método em Serviço Social, política social, movimentos sociais, perfil profissional do assistente social e organização da categoria e história do Serviço Social.

Dentro dessas linhas podemos constatar a existência de uma variedade de temáticas que, para nós, representam o sinal de que muitas das questões relacionadas ao social são inquietantes para o Serviço Social.[34]

O Serviço Social, à medida que se materializa pela sua prática, necessita que os seus conhecimentos avancem a partir da vida, das experiências sociais do homem. É nesses termos que a produção intelectual, como diz Karl Marx, "[...] se transforma com a produção material" (Marx, 1975, p. 94).

Isto posto, cumpre-nos agora dizer que ao se objetivarem pela prática de pesquisa, os sujeitos procuraram desenvolver os seus projetos nas linhas[35] de: 1) estudos de objetos e processos sociais; 2) atuação e história do Serviço Social; 3) po-

---

34. Não discutimos aqui a importância do estudo dessas temáticas para o avanço do Serviço Social, mas nos preocupamos com a forma pela qual foram concretizadas essas objetivações, os procedimentos levados a cabo para a compreensão e análise dos objetos pesquisados. Como sabemos, uma boa ideia, quando não bem trabalhada, pode ser prejudicial à ação científica, pode até fazer estagnar o potencial criador do conhecimento. Porém, o que nos cabe aqui fazer não é separar o joio do trigo, mas apresentar polos temáticos representativos da preocupação profissional de uma época.

35. A sequência dessa apresentação das linhas de pesquisa se deve à frequência decrescente pelas quais as temáticas pertinentes às mesmas foram trabalhadas.

lítica social; 4) análise das metodologias e/ou instrumentos de intervenção; 5) movimento social; 6) formação profissional e ensino do Serviço Social; 7) teoria e método em Serviço Social. As ocorrências das linhas 6 e 7 são equivalentes, embora trabalhem categorias diferentes, como podemos observar no quadro que segue.

Quadro II

Linhas de pesquisas por temáticas trabalhadas nas dissertações e teses. Período 1980-1989

Linhas de pesquisas	Categorias
1) Estudo de objetos e processos sociais	Idoso, família, operário Violência, assistência Demografia
2) Atuação e história do Serviço Social	Serviços, assistência Identidade, participação Saúde mental
3) Política social	Administração Habitação, Estado Assistência
4) Análise das metodologias e/ou instrumentos de intervenção	Planejamento social Ética profissional Método, comunidade
5) Movimento social	Técnica, participação Prática
6) Formação profissional e ensino do Serviço Social	Técnica, participação Prática
7) Teoria e método em Serviço Social	Método

De acordo com os nossos estudos apreendemos que os sujeitos desta pesquisa não desenvolveram, pelo menos em forma de dissertação e tese, nenhum tema ligado à linha de pesquisa "Limites e possibilidades da prática do Serviço Social nas instituições", muito embora, pelo quadro anterior, possamos observar que a prática foi analisada, tanto sob o ponto de vista da análise das metodologias como da formação profissional. Outro fato que nos chamou a atenção refere-se à recorrência à temática *formação profissional e ensino do Serviço Social*, pois essa, apesar de constituir uma preocupação da ABESS, que a partir de 1981 implementa uma pesquisa de âmbito nacional, sobre "a formação profissional dos assistentes sociais no Brasil — determinantes e perspectivas", envolvendo todos os cursos, teve uma recorrência igual à preocupação com o estudo das técnicas e métodos em Serviço Social. Não queremos dizer com isso que a questão da formação não estivesse presente de modo tangencial nessas elaborações, mas que ela não foi tomada como objeto de análise para uma grande parte dos pós-graduandos aqui representados, muito embora esses sejam, na sua maioria, professores de universidades.[36]

A formação de pesquisadores no Serviço Social tem se deparado com muitas dificuldades. Essas, na sua abrangência, tanto dizem respeito às questões extrapolantes à prática profissional como às que lhe são inerentes, como, por exemplo, a indefinição de prioridades temáticas e objetivos. Porém, o que nos parece mais preocupante é a complexidade e am-

---

36. Ammann (1983), assinala que nos primeiros anos da pós-graduação em Serviço Social no Brasil, a demanda efetiva a esses programas se dava a partir dos quadros universitários. Entretanto, já na década de 1980, observamos uma equivalência de procura entre profissionais vinculados e os desvinculados da docência. Essa alteração foi motivo de reflexão por parte desses programas, a partir do 1º Encontro de Programas de pós-graduação, realizado na cidade do Rio de Janeiro, em 1988, onde ficou definido que a formação *stricto sensu*, preferencialmente, se voltaria para a formação de docentes e pesquisadores e que a *lato sensu* ficaria incumbida da formação de especialistas. Essas definições apenas reafirmam o modelo norte-americano que o Brasil tomou emprestado para a sua pós-graduação.

plitude com que o Serviço Social tem tratado os seus objetos de investigação. Esses, em muitos casos, são transformados em problemáticas inconsistentes que, ao procurar abarcar uma pluralidade de temas, diluem as suas preocupações teóricas; esquece-se, muitas vezes, de colocar, no centro das suas reflexões, o próprio Serviço Social como prática concreta,[37] ou seja, como uma ação profissional gestada e desenvolvida no âmago dos movimentos históricos e mediadora de certos aspectos relativos aos conflitos sociais decorrentes das relações sociais de uma sociedade específica, no nosso caso, a brasileira. Por isso acreditamos que quanto mais os programas de pós-graduação trabalharem no sentido de melhor instrumentalizar teórico-metodologicamente os seus alunos de modo que esses possam, com desenvoltura, criticidade, criatividade e flexibilidade metodológica, transitar no mundo da pesquisa, mais fácil será atingir os objetivos propostos.

Por outro lado, os pesquisadores, conscientes da importância do avanço do saber e tendo as suas potencialidades despertadas para a elaboração do conhecimento científico, não advogarão a favor de uma prática científica eclética e nem a favor da ideia de que somente eles, em razão das suas experiências e titulações, estão habilitados para a realização da pesquisa. Mas conhecedores de que a pesquisa no Serviço

---

37. Reconhecemos a importância de privilegiarmos temáticas para pesquisa relacionadas ao próprio Serviço Social, contudo, sabemos da validade e necessidade dessa produção abarcar conhecimentos extrapolantes a essa área, de forma que fique evidenciada a sua relação com as demais ciências, principalmente com as afins a essa prática. Vários são os esforços empreendidos nesse sentido, ou seja, que procuram aglutinar energias que abram espaço para uma discussão transdisciplinar, principalmente nas produções dos docentes desenvolvidas nos diferentes grupos de estudos existentes nos programas de pós-graduação no Serviço Social. Segundo Baptista e Rodrigues (1992, p. 11): "A multidisciplinaridade da abordagem teórica tem em vista enriquecer o conhecimento com novas dimensões e permitir a percepção da característica total do conhecimento."

Social não é constituída de uma pura reflexão, pois está ladeada de todas as situações já mencionadas, como a cultura, a economia, a política e as experiências dos participantes no processo, saberão reconhecer as suas limitações e a existência de condições, pelo menos mínimas, para o cumprimento da tarefa científica. Por esse motivo, os neófitos, e aqui nos colocamos, têm de ponderar as suas habilidades para que, na busca do conhecimento sistematicamente produzido, não venham a cometer devaneios como os que negam a necessidade de um norteamento metodológico e de um suporte teórico para a efetivação do trabalho científico.

À luz dessa análise, vemos que, apesar dos programas de pós-graduação contribuírem para o avanço do conhecimento científico, muitas são as lacunas existentes nessa formação. Os recursos que utilizam não têm sido suficientemente fortes para despertar, nos profissionais titulados, o interesse permanente pela pesquisa e pelas habilidades investigativas que rompam as barreiras limitantes de uma produção presa às exigências desse contexto acadêmico. Isso por muito tempo nos deixou perplexos. Quanto mais verificávamos o desempenho dos pós-graduandos, nos cursos de mestrado e doutorado, e víamos as diferentes formas pelas quais se objetivavam, mais percebíamos, em muitos, certo parasitismo, em termos de produção científica, após a titulação. Tudo isso nos impulsionava para reflexões viabilizadoras de um entendimento sobre essa questão. Foi assim que nos deparamos com a necessidade de desvendarmos alguns aspectos do Serviço Social que têm contribuído para que ocorra a sazonalidade da pesquisa na área, assunto do nosso próximo capítulo.

CAPÍTULO III

Sazonalidade da produção da pesquisa no Serviço Social: determinantes e consequências

> o rendimento da pesquisa científica depende da organização da sociedade na qual vive o pesquisador, do lugar que ela lhe confere, dos recursos que lhe proporciona. (Langevin, 1961, p. 43)

As análises anteriores se aplicam à pesquisa como objetivação profissional por ocasião da pós-graduação. Nelas mostramos que esse período de formação institucional do pesquisador[1] tem, ao longo da sua história, se apresentado

---

1. Consideramos a pós-graduação como o período de formação apenas institucional, por acreditarmos que o pesquisador nunca está totalmente formado. A sua característica de ser histórico e de sujeito elaborador de conhecimentos sistemáticos requer a existência de um estado de transformação permanente. Exige que a sua experiência social seja conscientemente tomada como momento enriquecedor do seu construir-se como agente pesquisador que, sob o ponto de vista de uma teoria

como momento privilegiado para o desencadeamento da produção de conhecimento crítico e desvendador da realidade pelo Serviço Social, apesar dos aspectos subsumidos como prejudiciais a essa formação. Vimos também que vários mecanismos são utilizados no sentido de iluminar, de forma fecunda, uma série de perspectivas teóricas e metodológicas, porém, com o devido cuidado de não deixar passar uma visão eclética, prejudicial ao rigor exigido pela conduta científica. As perspectivas, por sua vez, quando apreendidas dentro da sua historicidade, abrem-se para a profissão por intermédio do pesquisador, como guias norteadoras do percurso de uma ação crítica e reflexiva, favorecedora da ampliação quantitativa e qualitativa de profissionais comprometidos com a práxis social.

Neste momento preciso do nosso estudo, lembramo-nos do pensamento marxiano apresentado na I Tese sobre Feuerbach, quando Karl Marx (1977, p. 11) afirma que

> o principal defeito de todo materialismo até aqui (incluindo o de Feuerbach) consiste em que o objeto, a realidade, a sensibilidade só são apreendidos sob a forma de objeto ou de intuição, mas não como atividade humana sensível, como práxis, não subjetivamente.

Nesse fragmento da tese, percebemos a importância atribuída à prática por esse filósofo, pois essa exerce um papel importante no processo de elaboração do conhecimento e sobre o sujeito na relação cognitiva. O sujeito tem papel ativo na pesquisa, por isso não desempenha a atividade

---

crítica, a cada instante se constrói e teoricamente constrói o seu objeto de investigação. Ao nosso ver essa formação deve ser iniciada na graduação, aprofundada e bem construída na pós-graduação e constantemente transformada na e pelas experiências de pesquisa. Dessa maneira, a formação de pesquisador ocorre por meio de um processo lento que se desenvolve ao longo da existência profissional.

apenas de fotógrafo que, munido com uma câmara, por mais sofisticada que seja, apenas registra aspectos exteriores do objeto. O sujeito pesquisador, ao assumir o compromisso com a produção do conhecimento científico, age ativamente, procurando, de forma sistemática, penetrar no real para apreender as suas múltiplas determinações. Existe, ao nosso ver, uma diferença que consideramos fundamental entre o fotógrafo e o pesquisador. O primeiro desenvolve uma atividade que não age sobre o objeto no sentido de transformá-lo, pois, em sua ação, apenas registra, com o que os seus sentidos captam, a aparência do objeto. O segundo, como sujeito cognitivo, está impregnado por determinações sociais que exercem uma ação mais ativa sobre esse sujeito, à medida que, ladeando a natureza da pesquisa, influenciam de maneira decisiva a forma de captar, analisar e também registrar, como o fotógrafo, as informações obtidas. Essa diferença, sob o ponto de vista do materialismo histórico, é notória, daí a crítica formulada na I Tese, quando Karl Marx (1977, p. 11) afirma que em Feuerbach, como em todo materialismo anterior a esse, "o objeto, a realidade, o mundo sensível" não são vistos "como uma atividade humana concreta, como práxis"; não são compreendidos pelo homem como "uma atividade humana concreta".

Está claro nessa tese que Karl Marx condena a prática ativista e especulativa ao mesmo tempo em que mostra a importância da prática substanciada na crítica. Com essa tese, podemos observar que o conhecimento científico não é uma contemplação mas sim uma atividade, que só o homem como sujeito concreto e ativo é agente cognitivo. Apesar dessa compreensão ter estado ausente por muito tempo do Serviço Social, observamos certa movimentação dos pesquisadores da área, por meio do exercício de elaboração crítica, que procuram adquirir maturidade criativa em relação ao conhecimento científico. Embora, ainda de forma suave, constatemos que o despertar questionador de boa parte dos pesquisadores tem preterido, do cotidiano profissional, a visão de conhecimento apenas como conhecimento. O desenvolvimento das suas habilidades investigativas ocorre dentro da perspectiva da temporalidade, que precisa da existência da movimentação dialética histórica, para apreender o real na sua totalidade e contextualidade. Com isso, o conhecimento elaborado deixa de ser destoante da situação problematizada, para dela fazer parte, por meio da atividade do pesquisador, com vistas à transformação da realidade apreendida.

Bem, a rica relação existente entre sujeito pesquisador e conhecimento não pode passar à margem da práxis, pois a prática deve ser considerada como categoria nuclear da atividade investigativa, por fazer parte do mundo do sujeito que produz o conhecimento. É claro que esse não se comporta como elemento passivo diante da prática, pois, como já lembramos, esse sujeito está permanentemente acrescentando ao conhecimento as suas experiências, as situações representativas dos seus condicionamentos sociais. Daí é que emergem, às vezes, de forma descritiva, outras de maneira explicativa, as diferentes versões identificadas pelos entrevistados sobre as razões da sazonalidade da pesquisa no Serviço Social. As análises apresentadas neste capítulo são exemplos do modo como os profissionais pesquisadores têm percebido esse problema, pois revelam a articulação das situações institucionais e profissionais com a forma de se expressar do sujeito no seu papel de construtor sistemático de conhecimento. No decurso de nossas reflexões, percebemos que as diferentes situações, apresentadas pelas instituições e, paradoxalmente, pelo Serviço Social, têm se mostrado como elementos determinantes para o estímulo, o limite e, nós diríamos mesmo, até para "neutralizar" a prática da pesquisa, como, por exemplo, quando impedem, de alguma manei-

PESQUISA EM SERVIÇO SOCIAL   131

ra, que as inquietações científicas e interesse em levar adiante as experiências, como pesquisador, sejam concretizadas. Conhecemos algumas situações prejudiciais ao avanço do Serviço Social,[2] mas sabemos também, e isso já mostramos a partir de Langevin, que todas as situações, inclusive "entendimentos" que envolvem esse processo científico, "dependem da organização da sociedade na qual vive o pesquisador" (Langevin, 1961, p. 43).

No caso em estudo, o pesquisador está inserido na sociedade brasileira, e essa não tem se firmado, no âmbito internacional e até no contexto interno, como produtora de conhecimento. Ao contrário, a nossa história recente — período militar — aprofundou os traços do autoritarismo sob a égide dos "atos institucionais" e "atos complementares". Efetivou, em nome da "segurança nacional", um sistema de coação permanente que funcionou, como diz Chaui (1993, p. 48), com base na "militarização da vida cotidiana". Com tais medidas,[3] muitos dos pesquisadores foram banidos do Brasil, por questões políticas e discordâncias ideológicas. Essas punições ideológicas, além de terem sido prejudiciais aos intelectuais na sua individualidade como cidadãos, bloquearam o avanço da pesquisa neste país, principalmente das pesquisas ligadas às Ciências Sociais.

A situação imposta pelo governo militar parece contradizer os ideários da modernização vividos pelo país, que necessita, para o desenvolvimento, da ciência e, por isso, da

---

2. O Serviço Social, como prática social e histórica, apresenta a necessidade de constante revisão teórica, metodológica, para um agir comprometido e coerente com a realidade em que atua.

3. Segundo Chaui, o sistema imposto pelo regime militar estava organizado pelo "Serviço Nacional de Informação e pela chamada Comunidade de Informação — que lhe garantia implementar uma política monetarista altamente inflacionária, fundada no arrocho salarial e na repressão aos movimentos trabalhistas [...], levando ao extremo a concentração da renda e as desigualdades sociais" (1993, p. 49).

pesquisa, para que, de fato, venha se verificar, de forma mais ou menos contínua, a expansão da economia. A modernização da economia brasileira, de 1940 a 1980, foi influenciada, segundo Ianni (1992, p. 110), "[...] pela capacidade gerencial, tecnológica ou *know-how* provenientes de matrizes e sucursais de empresas multinacionais. E favorecida pela atividade de agências governamentais brasileiras". Isso nos induz a pensar que a associação do poder público ao capital privado nacional e ao capital estrangeiro cria mecanismo que facilitam a liberação da força de trabalho intelectual, tendo em vista a facilidade com que foi dispensada boa parte do contingente da intelectualidade brasileira pela ditadura militar. Alguns intelectuais, por coerência política e ideológica, não se coadunam com a ordem autoritário--conservadora que, apesar de vigente desde o governo de Getúlio Vargas, é revitalizada nesse período,[4] sendo, por isso, obrigados a se exilarem em outros países. Em consequência, é criado um paradoxo interno e aumentado o distanciamento do Brasil das potências constitutivas do primeiro mundo, em relação, também, à questão do desenvolvimento científico e tecnológico.

No atual momento da nossa análise, é importante lembrar e termos consciência de que existe uma congruência insecável entre os processos econômico e político de um país

---

4. Chaui (1993, p. 49-53), faz, com base em críticas formuladas em relação à pouca memória dos "teóricos do desenvolvimentismo" e aos "teóricos da dependência", interessante reflexão sobre esses momentos da história do Brasil. Mostra que ambas as análises tomam o golpe militar de 1964 como um marco que põe fim a uma democracia e, com isso, esquecem-se de elementos significativos da nossa história. Um exemplo dessa falta de memória centra-se no conteúdo da "Constituição de 1946 que define a greve como ilegal, mantém a legislação trabalhista outorgada pela ditadura Vargas [...], proíbe o voto aos analfabetos (isto é, à maioria da população da época), coloca o Partido Comunista na ilegalidade, conserva a discriminação racial e não questiona a discriminação das mulheres, consagradas pelos códigos Civil e Penal etc.".

com o processo de desenvolvimento científico e vice-versa, denotando que, na realidade, o rendimento da pesquisa sofre oscilações em decorrência do lugar que lhe é atribuído pela sociedade e dos recursos que essa mesma sociedade destina a esse tipo de atividade. Os dois primeiros processos, o econômico e o político, à medida que exercem influência sobre a organização da sociedade, berço do pesquisador, interfere diretamente no desenvolvimento da pesquisa. Não é sem motivo que, nos países avançados economicamente, o desenvolvimento científico é mais acentuado, chegando até ao reconhecimento e valorização por parte da sociedade como um todo. Porém, o que temos observado é que tratamento semelhante não ocorre em países como o Brasil, que, mesmo vendo o importante papel da pesquisa para o seu desenvolvimento, chegando a lhe conferir o *status* de pré-requisito para o impulso do país em direção ao primeiro mundo, destina parcos recursos a essa atividade científica. Contudo, a escassez de recursos não implica a desarticulação do conhecimento científico para o sistema produtivo, mas colabora para que as definições relativas aos recursos orçamentários destinados aos diferentes ramos da pesquisa sejam mais restritivos, provocando privilégios, por parte dos setores responsáveis pela administração de recursos públicos e privados, de determinadas áreas do conhecimento.

Em face do tratamento diferenciado entre o conhecimento diretamente voltado para o avanço da atividade produtiva e o conhecimento que as Ciências Sociais e, em particular, o Serviço Social se propõem a elaborar, vemos que as políticas científicas apresentam, ainda nos últimos anos 1980, certas restrições às quais se relacionam as produções do Serviço Social aos estímulos financeiros. Aqui, duas questões devem ser consideradas: uma, relacionada ao reconhecimento restrito, por parte de órgãos financiadores, da capacidade do Serviço Social desenvolver a pesquisa científica; a outra questão está ligada ao fato de o Serviço Social não produzir um conhecimento imediatamente importante, sob o ponto de vista capitalista, para o avanço das forças produtivas. Na sociedade regida por esse modo de produção, tudo tem de gerar lucro e riquezas materiais. Daí existir maior disponibilidade de recursos financeiros para as pesquisas consideradas de ponta, para as pesquisas que provocam o avanço das ciências e das tecnologias, voltadas para o desenvolvimento industrial, valorização e acúmulo do capital. Nesse sistema, só é investimento aquilo que gera recurso em forma de lucro, e a pesquisa, no Serviço Social, não atende a esses requisitos, pois se volta para a produção do conhecimento que possa, de alguma forma, contribuir para o bem-estar do homem, seja apontando saídas para as carências materiais das populações subalternizadas, seja apresentando criticamente análises das questões sociais, do Estado e das suas políticas sociais ou, ainda, elaborando um conhecimento que instrua a população, por meio do Serviço Social, com reflexões sobre as condições de vida dessa população sobre a sociedade a que ela pertence.

Como podemos notar, são várias as razões que poderão ocasionar a sazonalidade da pesquisa no Serviço Social. Porém, preferimos analisar apenas as indicadas pelos sujeitos participantes deste estudo, pois eles, mais do que ninguém, podem nos ajudar, com base no relato das suas experiências em pesquisa, a desvendar os motivos que provocam o fluxo descontínuo dessa produção na área, ou seja, que levam o Serviço Social a apresentar uma produção episódica com ciclos de grande fluxo produtivo[5] e outros de retração.

---

5. A irregularidade desse fluxo é mais presente nas iniciativas individuais de pesquisa, ocorrendo algumas alterações nas produções grupais interclasses e interdisciplinares.

Sob o prisma da informação de que a pós-graduação objetiva formar pesquisadores, ou seja, capacitar, qualificar o profissional para desenvolver prioritariamente atividades pertinentes à elaboração do conhecimento científico, nos perguntamos: por que os mestres,[6] ao retornarem às suas instituições de origem,[7] têm desenvolvido tão pouco a pesquisa? Tal pergunta nos desperta o desejo de sabermos e identificarmos, no contexto onde se estabelece, ou pelo menos deveria ocorrer, a relação do Serviço Social com a pesquisa, a existência de elementos influenciadores ou limitadores da utilização desse processo por parte dos pós-graduados.

Como podemos notar, pelas reflexões que seguem, nem todos os limites apresentados à pesquisa no Serviço Social dependem da capacidade do profissional para a concretização dessa prática. Além daqueles associados às dificuldades teórico-metodológicas, das quais resultam a fragilidade da postura investigativa que a formação de mestre e doutor não conseguiu superar, existem outros limites que, oportunamente, serão apresentados no transcorrer deste trabalho. Para alguns especuladores, talvez, essa constatação comprove a hipótese, amplamente difundida, que estabelece uma relação de causalidade e efeito entre variáveis, em que a variável apresentada como *independente* é representada pela divisão social do trabalho e a variável *dependente*, pela forma de inserção do Serviço Social no mercado de trabalho. Nes-

---

6. Verificamos que a periodização da produção é mais consistente junto aos titulados como mestre, pois os doutores, em sua totalidade, têm sido estimulados por órgãos financiadores, principalmente pelo CNPq, a desenvolverem projetos de pesquisa preferencialmente integrados.

7. A maioria dos alunos da pós-graduação reside em outro Estado e, até mesmo, em outras regiões, fazendo com que os seis programas apresentem uma característica peculiar em relação à demanda. Os Programas do Nordeste e do Sul têm uma maior procura por profissionais daquelas regiões, enquanto que nos do Sudeste verificam-se recorrências não apenas de profissionais locais, mas também por parte de assistentes sociais de todo o País e exterior.

sa relação, o Serviço Social não consegue escapar de um círculo vicioso, tendo em vista que a divisão social do trabalho impõe que essa prática profissional se fixe no ativismo e, com isso, reafirme ao longo do tempo a sua posição inicial no mercado de trabalho — prestadora acrítica de serviços assistenciais, sem nenhum compromisso mais sério com a prática científica.[8] Não descartamos a existência de certa ligação, porém não a vemos de forma determinista e inquebrantável.

Temos a prática científica, a exemplo de qualquer outro tipo de prática, como resultante das relações estabelecidas pelo homem com a sociedade e com a natureza num determi-

---

8. É como se o Serviço Social estivesse condenado a pagar infinitamente por uma situação vivenciada nos primórdios da sua filiação à sociedade brasileira. Assim como a humanidade foi manchada pelo pecado original, em decorrência da desobediência de Adão, a especificidade atribuída nos anos 1930 ao Serviço Social também se apresenta como marco definidor da postura profissional do Serviço Social, ainda na penúltima década deste século. Nessa metáfora, a forma de inserção da profissão no mercado de trabalho assemelha-se ao ato de comer a maçã que, após ingerida por Adão, todos os seus descendentes passaram a sofrer as consequências desse comportamento, não importando o tempo e o contexto em que habitam. No Serviço Social, algo parecido também acontece, pois o modo de participar da sociedade, hoje, ainda guarda grande semelhança com sua ação passada. É como se, a partir dessa inserção, se erguesse em torno do Serviço Social uma cortina de ferro que o aprisiona, fazendo com que ele opere em verdades eternas. Não podemos nos associar a esse pensamento, do contrário estaríamos esgotando no ato de incursão do Serviço Social no mundo do trabalho toda a sua natureza histórica. Assim como a humanidade não atinge o seu desenvolvimento por meio de verdades eternas, o Serviço Social, como prática social, também não pode operar em ideias paralisantes, pois a sua transformação só ocorre quando, no seu fazer-se constante, constrói, representa e é uma atividade profissional que se fundamenta num conhecimento que se processa no movimento permanente de apreensão de um tipo de prática social que se concretiza fundamentada em um conhecimento formulado com base em verdades parciais. No processar da superação das verdades parciais o Serviço Social age no sentido de ultrapassar não só quantitativamente, mas, sobretudo qualitativamente as situações vivenciadas nas diversas fases do seu desenvolvimento histórico. Nesse movimento que consideramos dialético, ele passa por um conjunto de metamorfoses decorrentes do quadro societário global. As metamorfoses profissionais são mais profundas e consistentes quanto mais existir no Serviço Social uma visibilidade consciente sobre as transformações sociais provocadoras de nova configuração da divisão social do trabalho.

nado tempo e contexto. Roger Garaudy (1953, p. 310) afirma que, na prática,

> [...] não se expressam somente as relações atualmente existentes, mas ainda a história dessas relações que resumem todo o passado. E o conhecimento científico faz parte dessa realidade complexa, dessa rede emaranhada, desse nó de relações ativas em perpétuo devir entre os homens e a natureza, os homens e a sociedade.

Por isso o conhecimento tem um caráter histórico, pois todo ele foi adquirido e conquistado por meio de um longo treinamento, treinamento que requer para cada novo desempenho o melhoramento dos resultados anteriores e o empreendimento de batalhas epistemológicas, metodológicas e até políticas. Dessa forma, a pesquisa não pode ser pensada em desconexão com o contexto útero desse conhecimento, do ambiente fomentador do próprio existir do homem como ser pesquisador.

Essa argumentação também é válida para o Serviço Social no seu devir de prática profissional formuladora de conhecimentos históricos. Por isso é que nele se articulam organicamente as situações que favorecem o desenvolvimento da pesquisa e as que levam à sazonalidade desse mesmo processo. Sendo um tipo de prática social, o Serviço Social tem sobre si refletidas também as relações-síntese representativas do passado e as relações atualmente existentes no seu devir de práxis. É nesse devir que vemos a possibilidade, a partir das relações dinâmicas entre os diferentes sujeitos envolvidos entre si e destes com a sociedade, de o Serviço Social romper com as amarras que o tornam dependente das produções teóricas emanadas de outras áreas de conhecimento e que o fizeram sobreviver, por muitas décadas, somente às expensas das produções científicas, principalmente das Ciências Sociais. É com base nesse agir crítico e criador que vemos a possibilidade do Serviço Social se reposicionar em frente às novas demandas sociais e ocupar com galhardia a posição conquistada no cenário que vem se configurando e determinando uma divisão social e técnica do trabalho mais atualizada.

Não queremos com isso ignorar a força do passado sob o modo de aparecer do Serviço Social, pois, como Garaudy, afirmamos, trazendo para o âmbito dessa prática, que o resumo da história das relações passadas está expresso nas ações que se fazem presentes no agir dessa profissão. Porém, acreditamos que, ao concebermos o conhecimento científico como resultante da pesquisa que sofre influências dos emaranhamentos que compõem as teias das relações sociais estabelecidas pelos diferentes sujeitos de uma determinada sociedade, e que dentre esses sujeitos estão os agentes ativos do Serviço Social, diluímos a força dada, por muitas visões deterministas, às relações ocorridas entre o modo de inserção dessa prática profissional no mundo do trabalho e da pesquisa. No nosso perceber, embora o Serviço Social no seu fazer-se diário atue, a partir de situações que lhes são impostas, principalmente pelas políticas sociais, conveniências institucionais, necessidades profissionais e até pessoais dos diferentes atores envolvidos por essa prática social, vem procurando de forma arrojada, a partir da década anterior, não reafirmar essas situações. Ao contrário, por meio de um agir consciente e comprometido com a transformação social, tem se manifestado criticamente e combatido as situações impeditivas do desenvolvimento da produção da pesquisa. Dessa forma, a pesquisa para o Serviço Social, a partir dos anos 1980, é considerada por nós uma utopia e realidade, tendo em vista representar, além do desejo, a luta dessa profissão em se reposicionar, dessa feita, também, como produtor de conhecimento científico, em frente às atribuições sociais conquistadas na divisão social do trabalho existente no presente, nesta sociedade. É utopia à medida que rompe com os conhecimentos que nos são familiares. É utopia por conduzir a criação de ideias originais responsáveis pelas objetivações do objeto na sua concretude.

Por conseguinte, seria injusto e estaríamos agindo com certa parcialidade e mesmo de má-fé, se ao nos voltarmos para mais uma nuança que matiza a prática da pesquisa no Serviço Social, não refletíssemos sobre essa temática a partir das experiências dos sujeitos que empreenderam, em sua vida profissional, algum tipo de pesquisa. Julgamos que os motivos da periodização da produção da pesquisa, das oscilações que fazem com que o maior fluxo dessa atividade ocorra na pós-graduação,[9] estejam refletidos na prática profissional, por isso, fazem parte das experiências cotidianas vividas pelos profissionais pesquisadores nas instituições às quais estão funcionalmente vinculados.

Para as pessoas pouco afeitas às exigências do trabalho científico, as presentes reflexões podem representar um esforço desnecessário no atual quadro em que se encontra o Serviço Social no Brasil. Para nós, este é o momento propício, principalmente por estar essa prática profissional, nos dias de hoje, envolvida com preocupações que não se limitam às resoluções imediatas dos problemas, mas que requerem a toda prova conhecimentos que favoreçam a apreensão da realidade na dinâmica da história.

Sem dúvida nenhuma, o deslindar dos liames entre pesquisa e Serviço Social é bastante complexo, não bastando apenas reconhecer as dificuldades que essa prática social tem

---

9. De um modo geral, os cursos de pós-graduação se tornaram fonte importante de produção do conhecimento e da difusão das produções científicas, não só para o Serviço Social, pois sabemos que também em outras áreas, e aqui citamos, por exemplo, a ligada à saúde coletiva; esses programas, a partir de 1975, passaram a gerar interessantes pesquisas.

para dialogar com esse processo e os problemas hodiernos decorrentes de tal infamiliaridade. Torna-se, para nós, urgente a necessidade de análise mais profunda que permita a apreensão dessa relação numa perspectiva de maior duração e abrangência. Só dessa forma acreditamos na possibilidade de desvendar, de forma nítida, os reais significados da pesquisa, os espaços para o seu incremento institucional, tanto nas estruturas acadêmicas como nas demais em que o Serviço Social concretiza a sua prática.

Sabemos que a pesquisa nessa área é recente, mas essa atividade não deve ser tomada num sentido cronológico e com o propósito instrumental que não consegue ultrapassar aquilo que o pesquisador vê de imediato. O que deve estar nela embutida é a preocupação com a prática permanente, séria, sistemática e comprometida com a produção do conhecimento, para que, nessa ação antipositivista, possa o Serviço Social se firmar no panorama científico, adquirir e conquistar, por meio de um longo treinamento em pesquisa, um novo desempenho e melhoramento dos resultados anteriores da sua intervenção na realidade concreta, e não reafirmar um agir que lhe deu a configuração, nos seus primórdios, de uma prática ativista. Os tempos mudaram, e o conjunto de transformações ocorridas na sociedade provocaram mutações em escala internacional na divisão social do trabalho. Por isso, o Serviço Social, no final do século XX, não pode ainda estar preso às mesmas determinações sociais que o filiaram a nossa sociedade na década de 1930, pois uma redefinição dos papéis nos trabalhos técnico-profissionais se faz necessária. É por isso que, num primeiro momento, torna-se, para nós, incompreensível a ineficiente atenção que o Serviço Social tem dado à pesquisa, inclusive os pós-graduados nas suas práticas institucionais.

Partindo dessa constatação não prazerosa é que objetivamos analisar, no presente capítulo, os elementos que influenciam e dificultam a realização da pesquisa. Embora as nossas reflexões, por mais profundas que se apresentem, sejam exíguas diante da riqueza abarcada por essa temática, conseguimos perceber que muitos dos pesquisadores veem a pesquisa como um compromisso que o profissional deve ter com a produção do conhecimento. Esse compromisso, que não é aleatório, é assumido com base no espírito científico e no discernimento profissional que exigem do sujeito conhecimentos para saber agir, tomar definições de acordo com as situações complexas presentes na sua prática cotidiana.

Quando o profissional se compromete de forma consciente e crítica com a prática da pesquisa, muitas das dificuldades apresentadas no âmbito do trabalho são enfrentadas, e a instituição, a partir desse momento, deixa de representar apenas um espaço de concretização de um agir profissional acrítico, para compor um campo de ação onde o refletir sistemático e o agir questionador dialoguem permanentemente, de forma a compor um único universo — o do saber profissional.[10] Universo que passa a representar a nova forma de ser e de se expressar do Serviço Social, nos momentos findos do presente século. Com isso, o Serviço Social não está negando a sua história passada, mas vendo, na história presente, os veios que se abrem à profissão para um novo agir, um

---

10. Capaz de submeter à crítica as diferentes posturas teóricas relativas ao social, por meio da negação de tudo que se apresenta com a forma de estatuto da verdade. O novo saber profissional é gerado a partir da superação do imediato pelo Serviço Social que, no ato incessante de superação, desvenda as potencialidades contidas no real e na sua representação teórica. Com essa movimentação dialética o Serviço Social reconstrói teoricamente a realidade, com princípio nas implicações impostas e requeridas pela coerência diante da postura adotada em relação às questões sociais. Como podemos notar, essa proposta em nada se assemelha à assumida, de forma mais marcante, até a década de 1960, pelo Serviço Social, que se fundamenta para a sua intervenção no Brasil nas teorias de Mary Richmond. Teorias que não foram submetidas à crítica e que tampouco o Serviço Social procurou superá-las, dando-lhes uma conotação histórica e de totalidade.

agir que não se limita a abeberar-se dos saberes produzidos em outras áreas das Ciências Sociais, em se fundamentar nos farelos teóricos, muitas vezes mal-elaborados em áreas de conhecimento afins a essa prática social.

Sob o ponto de vista que neste momento defendemos, o problema do Serviço Social não está em se fundamentar teoricamente em conhecimentos produzidos nas Ciências Sociais, pois esses lhes são indispensáveis, como prática que se configura no âmago dessas ciências. O que nos parece incauto é a falta de enfrentamento teórico das questões que se colocam no seu cotidiano institucional, pois isso sem dúvida capacitaria o Serviço Social ao confronto de ideias e a uma participação ativa em trabalhos interdisciplinares.[11] O caráter interdisciplinar presente no Serviço Social é desvendado, ao debater formalmente com outras disciplinas, e os veios de saber emanados de outras áreas de conhecimento ficam livres de posturas polarizadoras das situações teóricas e empíricas. A cristalização rotular do papel dos participantes[12] juntamente com o imobilismo, são substituídos por re-

---

11. A interdisciplinaridade deve ser vista como uma estratégia que permite de forma articulada a manifestação de ideias. Essas, como expressão manifesta do esforço empreendido conjuntamente por profissionais de diferentes áreas, ampliam os horizontes da prática a partir de um conhecimento construído e reconstruído pelas ultrapassagens das disciplinas, nas suas especificidades. A interdisciplinaridade já é um fato nos estudos no Serviço Social, pois, como dizem Iamamoto, Karsch e Araújo, (1992, p. 150), "a *interdisciplinaridade* vem se expressando na diversificação de quadros docentes e de pesquisadores, passando o Serviço Social a partilhar do concurso de outros especialistas, ampliando o horizonte analítico no trato de questões de interesse da prática profissional".

12. A rotulação que determina papéis permanentes aos diferentes membros da pesquisa deve ser evitada em um trabalho interdisciplinar. Na qualidade de profissionais pesquisadores, são responsáveis pelo desempenho de funções transitórias, que ora privilegiam, sem estratificar, a teoria, e em outros momentos, o trabalho com os dados empíricos. Assim postadas as diferentes disciplinas constitutivas do trabalho interdisciplinar, torna-se evidentemente inadequada, dentro da postura metodológica, qualquer tipo de definição que ocupa o Serviço Social

lações de convivências produtivas, sob o ponto de vista da construção do conhecimento científico. Essa é mais uma das inúmeras questões que o Serviço Social deve enfrentar ao se aventurar nas atividades que envolvem a pesquisa. É ao nosso ver um dos procedimentos que retirará do Serviço Social o papel de auxiliar de pesquisa que, com destreza técnica, utiliza o instrumental de coleta de dados, principalmente a entrevista, para transformar-se, também, numa área de construção do saber.

Apesar da produção episódica que bem caracteriza a sazonalidade da pesquisa no Serviço Social, vimos que, na década de 1980, se verifica uma grande recorrência à pesquisa, sendo que essa, na sua maioria, se dá, em decorrência de exigências acadêmicas da pós-graduação. Ao levarmos em consideração os dados estatísticos relativos à produção, constatamos que a elevação do número de comunicações, fruto de pesquisas apresentadas em eventos promovidos pela ABESS e CEDEPSS, se apresenta com o mesmo ciclo de titulação de mestres e doutores. Não que isso venha representar que todos os titulados tenham apresentado os seus trabalhos nesses momentos de celebração científica profissional, de abrangência regional e/ou nacional, mas que esses trabalhos constituíram a grande maioria das comunicações e palestras naqueles anos. De acordo com o estudo que fizemos, junto à documentação desses dois órgãos, houve um crescimento de produção de 1980 até 1982, apresentando uma queda em 1983, ocorrendo em 1984 uma elevação de mais de 100% em relação ao ano anterior, sendo que, na última metade dessa década, o número mais elevado de produção só vem a ocorrer em 1989, como demonstramos no quadro que segue.

---

com a tarefa de levantar as informações empíricas, por ser considerado uma profissão do agir, e a Sociologia, História e Economia, por exemplo, com as responsabilidades da articulação da teoria com os dados.

Quadro III

**Trabalhos apresentados em diferentes eventos do
Serviço Social na década de 1980**

Ano	Frequência
1980	27
1981	21
1982	32
1983	22
1984	48
1985	31
1986	34
1987	32
1988	29
1989	72
Total	384

Fonte: Dados levantados junto à documentação da ABESS e CEDEPSS em 1993.

Duas questões nos parecem presentes quando cruzamos as informações do Quadro I com as do Quadro III. A primeira delas é a que relaciona o crescimento da produção geral do Serviço Social com a produção do mestrado e doutorado. A segunda, é a que mostra estar o Serviço Social, mesmo diante das condições conjunturais impostas ao desenvolvimento desse tipo de saber, atento às necessidades do avanço científico para a área. É visível, no interior dessa prática social, a existência de profissionais que procuram colocar, no centro das suas experiências, a pesquisa, confirmando o estatuto de pesquisador para a área. Com isso, a dominância aparente de outras disciplinas sobre o Serviço Social se esvanece, e com ela se esvanecem as situações enganosas, desvirtuais sobre o Serviço Social e a sua forma de estar no mundo.

As questões que envolvem a sazonalidade da pesquisa no Serviço Social são muito mais complexas do que parecem ser, por isso, não devemos defini-las como resultado de situações fortuitas, mas como decorrentes de implicações históricas que não podem ser atribuídas unicamente ao Serviço Social. É por isso que ao estudarmos os significados da pesquisa, cuja essencialidade encontramos imbricada no fluxo e na periodização da produção, temos de considerar a história da pesquisa nessa área, não de forma desconectada e isolada do contexto que a gerou, mas sim das questões que rodeiam a profissão no decorrer dessas seis décadas. Porém, por meio de uma observação geral, envolvendo o movimento que compõe a própria história da produção do conhecimento científico no Brasil e a do Serviço Social, em particular, é que percebemos as implicações das formas de gerenciamento da pesquisa no país, por parte dos órgãos estatais e privados, para o desenvolvimento desse processo na área. É então que apreendemos que, de fato, "o rendimento da pesquisa científica depende da organização da sociedade na qual vive o pesquisador, do lugar que ela lhe confere, dos recursos que lhe proporciona".

Há uma passagem do pensamento de Joseph Barnave[13] sobre a Revolução Francesa que consideramos muito importante como postulado, não apenas metodológico, mas também teórico, pois avança um pouco mais do que a apresentada por Langevin. Por essa razão, embora as suas reflexões não se voltem para a produção do conhecimento, mas para a forma pela qual essa Revolução deve ser analisada, dela

---

13. Joseph Barnave é um historiador liberal que exerceu um importante papel no início da Revolução Francesa. Defendeu a monarquia constitucional e foi reconhecido como um dos melhores oradores da Assembleia Constituinte.

nos aproximamos. Para tanto, temos de apresentá-la *in extenso* para que a importância de suas análises possa se tornar visível no contexto das reflexões que ora empreendemos.

Sem dúvida que as revoluções dos governos, como todos os fenômenos naturais que dependem das paixões e da vontade dos homens, não podem ser submetidas a essas leis fixas e calculadas que se aplicam aos movimentos da matéria inanimada; no entanto, entre a multidão de causas, cuja influência combinada produz os acontecimentos políticos, há algumas que estão de tal modo ligadas à natureza das coisas, cuja ação constante e regular domina com tanta superioridade a influência das causas acidentais que, num certo espaço de tempo, acabam por produzir quase que necessariamente o seu efeito. São elas, quase sempre, que mudam a face das nações, todos os pequenos acontecimentos são absorvidos pelos seus resultados gerais; são elas que preparam as grandes épocas da história, enquanto as causas secundárias, às quais, essas geralmente se atribuem, não fazem senão determiná-las (Barnave, 1960, p. 1).

Sentimos que também a pesquisa depende da "vontade dos homens", por isso é que esse processo científico é dotado de movimentos que o diferenciam dos movimentos existentes nas "matérias inanimadas". Contudo, entre a diversidade de situações que se alimentam reciprocamente por meio de uma combinação dialética, existem aquelas que, de forma mais incisiva, estão ligadas às condições necessárias para o incremento da pesquisa, pois a sua "[...] ação constante e regular domina com tanta superioridade a influência das causas acidentais que, num certo espaço de tempo, acabam por produzir quase que necessariamente o seu efeito" (Barnave, 1960, p. 1). Essas ações, no caso da pesquisa no Serviço Social, são compostas pela vontade dos homens que fazem a política científica no Brasil; dos homens que, por paixões e interesses, criam os suportes institucionais e os recursos financeiros viabilizadores da construção de um conhecimento comprometido com o desenvolvimento social; dos homens que, envolvidos por sentimentos que os enaltecem como sujeitos comprometidos com uma prática profissional crítica e transformadora, se aventuram na atividade científica, fazendo com que sua ação, no mundo acadêmico ou institucional, seja a representação do seu compromisso profissional com a prática da pesquisa. Quando ocorre o enfraquecimento de uma dessas ações, as demais situações são influenciadas, provocando variados tipos de efeitos, como é o caso da sazonalidade da pesquisa no Serviço Social.

Pelas reflexões que se seguem, demonstramos a importância das ações mencionadas para o próprio avanço do Serviço Social, pois todas elas, mesmo quando aparentemente insignificantes, são absorvidas pelos resultados que conduzem o Serviço Social ao mundo, que reconhece a validade do conhecimento e lhe atribui respeitabilidade científica. Não uma respeitabilidade elitista, geralmente imposta pela comunidade científica, mas um reconhecimento que emerge da realidade da qual a pesquisa partiu, e para onde ela se destina, viabilizando uma outra maneira de compreensão do real no seu aspecto analisado. Parafraseando Barnave (1960, p. 9) afirmamos que, "[...] do mesmo modo que a posse da terra provocou a ascensão da aristocracia", a pesquisa, no Serviço Social, ergue a sua valorização profissional como prática crítica que não se limita a colocar na sua ação interventiva os conhecimentos advindos de outras realidades e de outras regiões do saber. Com isso, a liberdade científica do Serviço Social se fortifica, multiplicando o seu desejo pelo desvendamento da realidade, na qual a sua prática se constrói. No emaranhamento dessas relações dinâmicas, vemos o conduto que viabiliza tanto uma participação ativa do Serviço Social, comprometido com a produção do conhecimento e com o mundo da interdisciplinaridade, como o caminho que conduz às situações despertadoras dos interesses dos setores públicos e privados para as pesquisas desenvolvidas por essa profissão. São duas estradas com vários intercruzamentos que se desenvolvem à medida que fica mais bem evidenciada a capacidade do Serviço Social para a construção do conhecimento, a importância do trabalho no processo cognitivo, a complexidade dessa relação efetivamente histórico-social do seu produto — o conhecimento.

Elementos influenciadores e limites que se colocam à prática da pesquisa

> *O conhecimento é, desde o início, um processo coletivo de cooperação. Cada um desenvolve o seu saber no quadro de uma comunidade, do que dela advém, em função da ação que lhe é própria e dos processos de superar as dificuldades comuns, mas esta participação na comunidade pode ser diversa. Basta o fato de que o campo de visão dos membros de um dado grupo não englobe todos os aspectos possíveis do mundo, mas apenas aqueles que estão em relação com as dificuldades e problemas do grupo, para que as produções do pensamento sejam, ao menos parcialmente diferentes. (Mannheim, 1952, p. 27)*

Esse fragmento do pensamento de Karl Mannheim assegura-nos ainda mais a compreensão que temos de conhecimento e do processo que o gera — a pesquisa. Pois como "processo coletivo de cooperação", requer que, por ocasião da sua construção, mesmo quando a iniciativa seja de procedência individual, vários sujeitos, de uma forma ou de outra, estejam com ele envolvidos. Por isso, o caráter social do conhecimento está presente desde os momentos que antecedem

PESQUISA EM SERVIÇO SOCIAL 149

a sua elaboração e se expressa durante todo o desenvolvimento da pesquisa, fazendo ressaltar, na sua natureza, as várias colaborações obtidas pelo pesquisador, no percurso da sua caminhada investigativa. Não podemos querer que os diferentes sujeitos que auxiliam direta ou indiretamente o pesquisador, nesse empreendimento, tenham a mesma concepção em relação ao objeto por ele problematizado. Porém, tem de estar claro para esse que "basta o fato de que o campo de visão dos membros de um dado grupo não englobe todos os aspectos possíveis do mundo, mas apenas aqueles que estão em relação com as dificuldades e problemas do grupo, para que as produções do pensamento sejam, ao menos, parcialmente diferentes" (Mannheim, 1952, p. 27).

É nessa diferenciação que surge um dos obstáculos para a existência de um conhecimento absoluto, universal e objetivo, como pretende o método positivista de análise. Por mais que se trilhe o mesmo caminho, é impossível dois pesquisadores chegarem aos mesmos resultados. E isso não depende do rigor, da seriedade com que a pesquisa é realizada, da segurança do pesquisador no domínio das técnicas e da sua desenvoltura teórica e metodológica. Essas condições são fundamentais, mas não determinantes, já que não garantem que pesquisas de aparência semelhante obtenham os mesmos resultados, pois esses variam de acordo com a época da sua realização, com os sistemas que alimentam política e ideologicamente o pesquisador e que, por isso, encontram-se impregnados nas concepções de mundo desse sujeito.

Consequentemente, por mais que não queiramos subsumir o componente de subjetividade contido na pesquisa, ele está presente e só pode ser negado pelos "guardiões do museu positivista"[14] que temem a perda da cientificidade e objetividade do conhecimento científico, com base na negação

---

14. Essa expressão é usada por Schaff (1991, p. 66) ao defender a existência da subjetividade na História.

da neutralidade. É um temor típico da influência da filosofia positivista na tentativa de ignorar que "toda a escolha e todo o encadeamento de fatos pertencentes a um grande domínio [...] são inexoravelmente controlados por um sistema de referências no espírito daquele que seleciona ou reúne os fatos. Esse sistema de referência contém tudo o que se julga necessário, possível, assim como tudo o que se pensa desejável" (Beard, 1934, p. 227). Por isso é que, muitas vezes, diante de um mesmo estímulo, temos diferentes resultados, embora alguns guardem parcialmente semelhanças, como aconteceu ao indagarmos sobre os motivos que influenciam a pesquisa no Serviço Social.

O mundo, a situação aparentemente comum para todo o Serviço Social brasileiro, não é visto, muito menos apreendido, da mesma maneira pelos diferentes sujeitos envolvidos e responsáveis por essa prática profissional. E isso aplica-se também ao interesse demonstrado pela pesquisa como instrumento privilegiado de construção do conhecimento. Percebemos os motivos que levam alguns profissionais que habitam o mesmo país e, às vezes, convivem nas mesmas instituições, a apresentarem condutas tão diferenciadas em relação à pesquisa. Alguns, sem ignorarem os determinantes estruturais, as situações conjunturais, enfrentam as dificuldades institucionais e enveredam, sempre mais envolvidos pela curiosidade científica e com desprendimento, na aventura que os levam a produzir conhecimentos. Outros, ao contrário, se agafanham no marasmo que envolve o dia a dia institucional, não encontrando nele nenhum espaço que viabilize a concretização dessa atividade, como se a pesquisa para o Serviço Social fosse uma utopia que paira no mundo dos sonhos, e não uma utopia que, ao estar ladeada pela vigilância crítico-metodológica, anima o pesquisador a se aventurar no mundo do real e a construir sobre esse ideias críticas e originais.

Para o primeiro grupo de sujeitos, os que enfrentam as dificuldades institucionais e enveredam na atividade investigativa, a pesquisa é tão importante para o Serviço Social como o oxigênio é para a vida. Quando ela se apresenta escassa ou inexiste, o Serviço Social atrofia. Perde a sua sensibilidade diante das transmutações da sociedade. Esgota as suas forças para o empreendimento de uma ação interventiva, questionadora junto às aflições sociais emergentes de alguns segmentos da sociedade, no caso do Serviço Social, os subalternizados, e até mesmo para enfrentar os problemas que se afazem na sua convivência com os trabalhos do mundo institucional, bem como com as suas atividades profissionais. O sujeito *A* nos coloca que

> o movimento dinâmico do proceder investigativo não permite que as pessoas que se engajam numa prática comprometida com as transformações da sociedade pairem à beira do caminho para apenas contemplar a realidade na sua manifestação empírica. O profissional pesquisador não fica à espera de oportunidades para a pesquisa, como se essa não estivesse presente na sua atividade cotidiana. Não espera um grande acontecimento ou o modismo de uma temática para sobre ele construir o objeto de estudo. A sua sede de intervir, fundamentada num suporte teórico e metodológico que garanta a alimentação de sua atividade profissional de forma sempre renovada, é muito mais forte do que as situações que a realidade institucional lhe impõe, e que, muitas vezes, parece querer barrar-lhe qualquer iniciativa de pesquisa.

Para esse sujeito é injustificável a sazonalidade da pesquisa. Não existe razão suficientemente forte que possa provocar uma queda na produção do conhecimento após o regresso dos mestres aos seus locais de origem. Segundo *A*, mesmo no âmbito institucional, onde não existe formalmente condições para esse tipo de prática, o profissional deve intervir no contexto interno de forma a conquistar e a ampliar o espaço para a pesquisa, pois, por "[...] natureza, o assistente social é um agente privilegiado devido ao acesso que tem paralelamente a sua experiência institucional — a de sentir de perto, devido a sua ação junto às classes populares, as aflições por elas sofridas". Concordamos em parte com as afirmações desse sujeito, por, também, julgarmos necessário o maior empenho do Serviço Social em relação à pesquisa, tanto se liberando de atitudes inativas que o levam à contemplação da realidade, como descobrindo novas temáticas para investigação. Conciliamos ainda com o seu pensamento, quando considera o Serviço Social uma profissão privilegiada. Porém acrescentamos a esse ponto de vista ou, quem sabe, apenas explicitamos que as situações circundantes e constitutivas da ação profissional por si só são favorecedoras, embora não garantam a prática da pesquisa pelas seguintes razões: a) "[...] pela oportunidade que tem, como prestador de serviços assistenciais, no nível institucional, de ter acesso às histórias 'pessoais', que se apresentam, muitas vezes, ricas em detalhes, cheias de emoção e imaginação" (Setubal, 1993, p. 93); b) por manusear, por ocasião do levantamento ou do registro das histórias de vida da população, ou das próprias atividades profissionais, instrumentos também usados na pesquisa. De acordo com Karsch (1988, p. 123),

> os registros, documentos, relatórios, manuais e outros instrumentos tradicionais da prática profissional dos assistentes sociais são o instrumental do pesquisador assistente social. Em outras palavras, aquilo que tem por finalidade cumprir as exigências técnicas e administrativas dos programas de trabalho, visto pela ótica do investigável, constitui-se em um arsenal de informações e dados que, *per si*, permitem verificar situações aparentemente claras, e que precisam ser elucidadas na lógica das relações sociais. Mesmo os instrumentos, cuja função parece ser somente burocrática, escondem mecanismos

de representação que remetem a uma análise no plano das ideias que organizam e justificam o instituído cotidiano.

Mas, por outro lado, não podemos cair no extremo do idealismo cientificista que nega a força de condicionamentos sociais sobre a própria consciência e compromisso do mestre e do doutor com a produção do conhecimento. A pesquisa, como outras atividades humanas, sofre influência de determinações que, ao refletirem sobre o pesquisador, se manifestam em forma de aspirações e interesses. Esses dois elementos (aspirações e interesses), embora sob a aparência de preocupações subjetivas, como é entendida subjetividade pelo senso comum, na realidade, são objetivos, pois conseguem, por meio do ato cognoscível, explicar, no contexto da subjetividade, os desejos e participar, por meio da pesquisa, da apreensão de aspectos da realidade representativos do grupo social ao qual pertence o pesquisador. Como podemos notar, não é negando a subjetividade que se atinge a objetividade, mas a máxima dessa articulação está exatamente em se explicar bem a subjetividade, que já não é individual, mas particular, para que se obtenha a objetividade. Por isso, torna-se para nós bastante difícil compreender a sazonalidade da pesquisa sob uma perspectiva individualista, pois tal concepção nos conduziria a uma análise mecânica e circular que atribui ao profissional a única e exclusiva responsabilidade pelo descontínuo fluxo na produção de conhecimento no Serviço Social; em que o Serviço Social, por não conseguir se firmar no mundo do trabalho como realizador de uma atividade crítica, como produtor de conhecimentos, reafirma apenas a sua especificidade de executor das políticas sociais e, por isso, não é efervescente, no interior da profissão, o movimento da prática da pesquisa. Para nós isso não passa de um tosco engano que associa a produção da pesquisa a protótipos estáticos, advindos da gênese do Serviço Social.

Quanto ao grupo que se agafanha no marasmo que envolve o dia a dia institucional, o que temos a dizer é que, embora represente um número bastante significativo do universo de assistentes sociais, no caso da nossa amostra, encontramos apenas 2 (dois) pós-graduados como mestres, o sujeito designado de Q e o sujeito Z, com essas características. Em decorrência da baixa frequência, não nos deteremos na análise de suas falas, muito embora, em seguida, seja apresentado fragmento do pensamento de Q que, pela semelhança com a fala de Z, tomamos como representativo de ambos.

> Não serviu para nada o que eu aprendi a respeito de pesquisa. Até agora, e já tenho mais de 10 (dez) anos de formada e mais de 4 (quatro) que fiz o mestrado, não tive como colocar em prática nada que eu aprendi. Foi uma tremenda perda de tempo. Por isso, escrevi e publiquei apenas um trabalho e nem mesmo participar de congresso eu vejo mais sentido. Para o trabalho que realizo isso é pura perda de tempo, pois, para desenvolver os projetos do setor social desta instituição, o que eu faço é mais do que suficiente. Ninguém aqui está preocupado em saber se o Serviço Social é positivista, funcionalista ou qualquer outra coisa. Nós queremos apenas executar as ordens lá de cima, sejam projetos que façam parte dos planos das políticas governamentais, sejam tarefas que nem mesmo deveriam ser desenvolvidas pelo Serviço Social.

Como podemos observar pela percepção de A e agora de Q, são duas posições que antagonicamente convivem no interior do Serviço Social. São pontos de vista que demonstram a existência de grupos de uma categoria profissional que, por pertencerem a "[...] uma sociedade funcionalmente diferenciada, vivem diferentemente os conteúdos comuns do seu mundo" (Mannheim, 1952, p. 27), apreendem distintamente os condicionamentos sociais que incidem sobre o

Serviço Social e, por isso, relativizam a prática da pesquisa, à medida que a percebem como uma atividade independente das conjunturas e das próprias características dos pós-graduados, ou a relacionam às condições funcionais do Serviço Social na realidade nacional e institucional. Nesse último sentido, os condicionamentos sociais são exclusivamente os responsáveis pela não ocorrência frequente da produção do conhecimento, retirando do profissional qualquer responsabilidade com esse processo. A inatividade desse, em relação à produção do conhecimento, é justificada pelas condições institucionais que exigem apenas a execução de tarefas que são impostas ao Serviço Social, ou por meio dos projetos sociais integrantes das políticas estatais e de interesse da instituição, ou realizando "pequenas tarefas que nem mesmo deveriam ser desenvolvidas pelo Serviço Social", como afirma Q.

Quando a pesquisa, o Serviço Social são assim encarados, o indivíduo responsável por essas ações não é visto e não se situa como autor da história, mas apenas como um elemento aprisionado em condições pessoais, circunstanciais e profissionais, independentes do seu controle e vontade. Embora se posicionando de forma distinta, os pontos de vista representados por A e por Q se assemelham ao não denotarem a relação dinâmica e de permanente influência entre si da tríade estimuladora da pesquisa, ou seja, entre as determinações sociais, condicionamentos institucionais e condições concretas do pesquisador. Por isso, pelo que nos parece, ambas caem num mesmo erro, o de apenar unilateralmente uma situação, embora essa recaia sobre estruturas diferentes. No primeiro caso, a responsabilidade pela prática constante da pesquisa recai sobre o profissional, pois esse, como pesquisador, apresenta uma estrutura formada, definida e, por isso, a sua percepção e experiência de pesquisa são as responsáveis absolutas pelo ato e processo cognitivo. No segundo, a instituição é a prejudicada, ao ser vista como dotada de uma ordem inquebrantável, que nada deve e pode ser feito no sentido de transmudar a sua estrutura, forçá-la a adotar medidas que favoreçam o avanço do conhecimento.

No quadro dessas compreensões, conceitos como conhecimento, pesquisa, atividade, processo, compromisso, e aqui nos referimos ao compromisso profissional com a produção do conhecimento, entre outros que envolvem a temática em estudo, sofrem alterações substanciais no pertinente a sua significação. As compreensões advindas de tais alterações conceituais provocam, no percurso da concretização da prática profissional, um certo desconhecimento da importância das determinações sociais, ao mesmo tempo em que reafirmam o dogma das situações verdadeiras e eternas, esterilizantes e travadouras das motivações à pesquisa. Por estranho que venha a nos parecer, não só a concepção de Q, mas também a de A, negam a importância da história, ignoram que, no ato de produzir a pesquisa, estão em jogo e se intercruzam situações extrapolantes ao Serviço Social, que podem tanto estimular esse processo como podem provocar a sua sazonalidade. Foi por esse motivo que dissemos concordar, apenas em parte, com a colocação de A.

Para efeito de análise da situação aqui colocada destacamos, mais uma vez, percepções sobre pesquisas, sendo que, desta feita, os entendimentos se voltam diretamente para os estímulos à sua realização no âmbito do Serviço Social. A partir de tais entendimentos, nos foi possível identificar as condições que incitam à construção do conhecimento nessa área e as suas procedências que são: institucional e profissional. São consideradas como influências originárias do contexto institucional a necessidade de melhoramento dos serviços prestados; as exigências institucionais, principalmente das responsáveis pelo ensino superior; a disponibilidade de recursos e de meios, tanto para a realização de projetos de pesquisa como para a socialização dos seus resultados.

As demais situações apresentadas compõem o grupo de estímulos à pesquisa que procedem do próprio Serviço Social, estando representadas pelas necessidades de busca de alternativas para uma prática que apresente novas propostas teóricas e metodológicas, viabilizadoras da construção de um corpo de conhecimentos para a profissão, e pela necessidade de compreensão, de resposta às demandas advindas dos novos problemas sociais. Por último, ainda dentro desse mesmo agrupamento, também são considerados, como *grandes* estimuladores da pesquisa, a aceitação e reconhecimento do produto dessa atividade, pelo menos por profissionais da área. Quer queiramos ou não, a pesquisa só tem razão de ser quando o seu resultado se apresenta como sendo de utilidade social. Essa utilidade se manifesta em primeira mão, dentro da própria categoria profissional e no contexto institucional para o qual se volta o conhecimento, para só depois se expandir às demais áreas do saber e a contextos que guardem as mesmas semelhanças.[15] É a partir desse reconhecimento que a pesquisa científica passa, no interior do Serviço Social, a ser percebida como um dos caminhos que abre novos horizontes a sua prática, tendo em vista a íntima relação de influência e enriquecimento que zela com o exercício profissional e consequentemente com as necessidades da instituição, por melhoramento dos serviços prestados.

Por esse motivo é que, hoje, se constatam, no interior das instituições, demandas que exigem do Serviço Social um

---

15. Nem sempre o reconhecimento do trabalho de pesquisa do assistente social parte dos quadros institucionais, nos quais esse profissional atua, e isso merece uma análise. Porém, neste momento, intencionalmente omitimos analisá-lo, por dedicarmos um espaço para essa reflexão, ainda neste capítulo, ao tratarmos das influências à pesquisa, decorrentes do próprio Serviço Social.

aprimoramento da sua intervenção, colocando num mesmo bojo, nem sempre vislumbrado pelo profissional, os elementos influenciadores da pesquisa, de procedência institucional e profissional. Podemos observar essa demanda pelo número de pesquisas emergentes de 1980 para cá, principalmente das que se situam dentro das linhas de estudo dos programas de pós-graduação (Capítulo II), como a linha de estudos sobre objetos e processos sociais que prioriza as categorias: idoso, família, operário, violência, assistência e demografia, bem como as pesquisas que se situam na linha das políticas sociais, com preocupações voltadas para o setor da habitação e assistência.

A priorização de temáticas, a partir das linhas, por parte dos pesquisadores do Serviço Social, nem sempre tem uma configuração visível no que se refere, a princípio, ao próprio entendimento de linha de pesquisa e o que constitui para o pesquisador necessidade apenas institucional, ou exclusivamente profissional, em relação à pesquisa. Essa falta de clareza tem ocasionado algumas polêmicas, tanto nos núcleos de pesquisa vinculados à graduação como nos existentes nos programas de pós-graduação. Com uma ressalva: a preocupação em definir temáticas a partir de linhas de pesquisas está mais presente na pós-graduação, sendo que só ocorre na graduação quando existem, no departamento de Serviço Social, núcleos de pesquisa.[16]

A esse respeito opina o sujeito *U* que, mesmo nos programas de pós-graduação, não existem ainda linhas de pesquisas definidas, embora ocorram preocupações nesse

---

16. Com isso assinalamos que preocupação com a afiliação da temática às linhas de pesquisa só existe, circunstancialmente, na universidade, sendo inexistente nas pesquisas desvinculadas da academia, ou nas que, embora desenvolvidas por docentes, não estão vinculadas a núcleos e apresentam reflexões que pulverizam diferentes temáticas.

sentido, como é o caso do grupo que estuda assistência social. Segundo ele,

> [...] é o grupo mais coeso, nessa perspectiva, pois investiga uma área que vem desde 1984 e, hoje, já apresenta vários produtos, inclusive teses. Então, essa área realmente tem sido, daquele ano para cá, um campo de aprofundamento. [...] eu ainda acho que a noção de linhas ou eixo de pesquisa passa mais por uma visão de agregação do que, realmente, de formulação de polêmicas.

Na verdade, isso é visível nas primeiras tentativas dos programas de pós-graduação. Porém, no final da década de 1980, com as reflexões sobre pesquisa mais amadurecidas e maiores experiências pertinentes à produção do conhecimento, a pós-graduação supera a fase de agregação dos projetos de pesquisas com base em temáticas para, como dizem Iamamoto, Karsch e Araújo (1992, p. 149), defini-las como "[...] norteadoras da produção acadêmica dos cursos, estabelecidas, seja em função das prioridades temáticas eleitas pelos programas, seja em função das áreas de concentração e/ou dos interesses ou conhecimentos acumulados por parte do corpo de pesquisadores".

Como observamos, além de confusões em torno do entendimento de pesquisa, assunto tratado no nosso primeiro capítulo, existe certa nebulosidade quanto à definição de suas linhas, somadas a muitas outras que gradativamente temos apontado neste trabalho. O interessante é que essa situação não é apenas visualizada junto aos profissionais alheios à prática científica, pois percebemos também a sua presença entre pesquisadores mais arraigados a esse trabalho. Tudo isso exerce a sua parcela de influência em relação à veiculação de condições favorecedoras das pesquisa no Serviço Social, pois a práxis criadora, presente na pesquisa, exige uma concepção clara e consciente[17] sobre tudo o que se refere à construção sistemática do conhecimento. E isso inclui não só a definição precisa do problema, determinação de objetivos colimados, a formulação de hipóteses ou de diretrizes, a segurança quanto à metodologia conveniente para o estudo, identificação e canalização de recursos humanos e materiais, mas também a clareza em relação a sua filiação às linhas de pesquisas institucionais, no caso em que essas existam, e as prioridades profissionais para, então, só a partir daí, plasmar, conquistar e influenciar a instituição a estimular essa atividade e ser por ela estimulada.

São várias as formas de estímulos institucionais. Para alguns sujeitos, esses estímulos se verificam pela preocupação que a instituição apresenta em fazer com que os seus parcos recursos humanos e materiais sejam mais bem aproveitados por ocasião da sua intervenção no campo social. Aparentemente, o incentivo à pesquisa, pelas instituições prestadoras de serviços assistenciais,[18] resultam do reconhecimento da ineficácia e dos resultados não satisfatórios das

---

17. Ao falarmos da importância de uma concepção consciente sobre a pesquisa de um modo geral, lembramo-nos do trabalho de Vázquez (1968, Cap. IV), quando esse autor apresenta a importância da consciência para a práxis criadora e, também, o papel dessa consciência nas práxis mais simples. Isso nos leva a perceber que em qualquer circunstância do "processo prático", e aqui chamamos para nós o processo da pesquisa como práxis reflexiva, a consciência tem de estar em atividade, definindo as ações e clarificando as situações que obrigam a permanente intervenção do pesquisador ao longo do desenvolvimento da pesquisa.

18. O número de pesquisas realizadas fora dos muros da universidade é bastante reduzido, o que não nos permite afirmar que as instituições estão de fato imbuídas do desejo de encontrar teoricamente soluções para os problemas para os quais as políticas sociais se voltam. Sabemos que essas, embora com um discurso que aparenta preocupação com os problemas sociais decorrentes dos limites estruturais do sistema capitalista de produção (falta de emprego, moradia, assistência à saúde e educação), gerenciam os seus recursos e atividades a partir de falsos problemas, ocasionando, com isso, ineficiência dessas políticas. Como aqui não nos cabe refletir sobre o sistema das políticas sociais, lembramos que, no Serviço Social, existem interessantes estudos nesse sentido, e aqui citamos os trabalhos de Faleiros

PESQUISA EM SERVIÇO SOCIAL 161

políticas sociais, por meio dos seus setores estratégicos, como afirma o sujeito *R*:

> As instituições, no fundo, não estão preocupadas com a produção do conhecimento no Serviço Social. O que interessa para essas é que o profissional desenvolva uma atividade que justifique a própria existência da instituição e que lhe dê certa credibilidade junto aos órgãos de onde provêm os seus recursos. Para negociar recursos orçamentários, além do planejamento das atividades, às vezes é exigida uma pesquisa. A pesquisa, então, é realizada. Mas isso não vem a constituir uma atividade permanente, é ocasional. Eu mesma, em toda a minha vida de profissional e, veja bem, já tenho quase 20 (vinte) anos de graduada, só uma única vez senti que a direção da empresa queria que eu fizesse uma pesquisa. Mas o pior vem depois: como não apresentei em uma semana os resultados da suposta pesquisa, fui cobrada. Foi nesse instante que percebi que o que eles queriam não era uma pesquisa mas apenas um levantamento, por meio de um questionário, de informações junto aos usuários dos nossos serviços. O meu caso não é o único, pois conheço muitos colegas que viveram situações idênticas.

Concordamos com *R*, quando esse demonstra que a palavra *pesquisa* nem sempre é empregada corretamente. Porém, ressaltamos que, em algumas circunstâncias, essa situação não é tão transparente como a que foi apresentada por esse sujeito. Às vezes, camuflada pelo discurso que prega a necessidade de melhoramento dos serviços institucionais, encontram-se as exigências de obtenção de informações imediatas, focalistas e desprovidas de qualquer fundamentação científica. Mesmo nos contextos em que a pesquisa é um pré-requisito para o diagnóstico e ponto de partida para o planejamento de ações futuras, ela representa apenas um

---

(1986b, 1989, 1991), os estudos de Sposati (1991) e Sposati et al. (1992), e o recente trabalho de Yazbek (1993).

meio possibilitador de uma ação eficiente, como menciona *S* em seu depoimento.

> A minha instituição exige que a cada ano a gente faça um diagnóstico consubstancializado nos resultados de uma pesquisa. Só a partir do relatório elaborado é que planejamos a ação do nosso setor para o próximo ano, pois, a cada dia, os problemas que temos de enfrentar crescem, eu diria, mesmo, proporcionalmente ao pauperismo da população deste Estado. Não temos mais como enfrentar institucionalmente as questões sociais apenas com base no *achismo*, pois, de um modo geral, as políticas sociais do Estado são fontes de indagação com várias problemáticas que merecem ser decifradas pela instituição. Como o Serviço Social tem se apresentado como um instrumento institucional eficaz para a concretização dessas políticas, nós somos levados a buscar soluções científicas eficientes para uma prática institucional também eficiente e que se diz voltada para o enfrentamento das questões sociais.

Abstraímos dos fragmentos das entrevistas de *R* e *S* duas situações relacionadas à pesquisa. Ambas se apresentam como formas possibilitadoras dessa atividade no contexto institucional. Entretanto, na sua essência, privilegiam momentos para sua realização, fazendo com que essa, no contexto institucional, guarde características de sazonalidade, sem falar da constatação de *R* de que a instituição vê a pesquisa como mera coleta de dados. O caráter regulador da instituição, no que se refere ao período da sua realização, objetivos a serem atingidos e prazos limitados, dão à pesquisa a conotação de atividade casuística, fragmentada, que serve apenas para atender às exigências da instituição, no que se relaciona ao incremento da sua capacidade de gerenciamento de recursos e articulação de atividades de acordo com os interesses da burguesia nacional.[19] Nesse sentido, o

---

19. Comumente, são abstraídos desses interesses o caráter político contido nos interesses atribuídos à burguesia. Ao nosso ver, eles são a síntese que resulta do

Serviço Social, com base na pesquisa, é conduzido a desenvolver atividades que o situam no âmbito de um suposto poder técnico-científico, onde o saber especializado tem a capacidade de definir estrategicamente as ações assistenciais para os usuários institucionais, de modo a coibir as tensões perpétuas, decorrentes dos conflitos de classes.

É, na verdade, apenas um suposto poder, pois, como diz Foucault (1977, p. 29), "temos em suma que admitir que esse *poder se exerce mais que se possui*,[20] que não é o 'privilégio' adquirido ou conservado da classe dominante, mas o efeito de conjunto de suas posições estratégicas — efeito manifestado e, às vezes, reconduzido pela posição dos que são dominados". Aparentemente, tudo se verifica como se houvesse uma sintonia entre dominadores e dominados, mas essas situações, longe de serem unívocas, "[...] definem inúmeros pontos de luta, focos de instabilidade, comportando cada um seus riscos de conflitos, de lutas e de inversão, pelo menos transitória, da relação de forças" Foucault (1977, p. 29). Mas qual o significado desse suposto poder técnico-científico, do reconhecimento dessa relação de forças entre classes sociais para a pesquisa e para a sua sazonalidade no Serviço Social? Ora, o estudo da produção do conhecimento em Serviço Social, com base nos estímulos que as instituições prestadoras de serviços assistenciais dão à pesquisa, passa por todas as situações resultantes da relação de forças entre os homens que estão colocados social e economicamente em posições contrárias.

---

confronto entre os interesses de classes e os de diferentes grupos sociais. Por isso, embora na sua manifestação finalista venham sob a tutela da classe dominadora, na realidade, em algum momento de conflito e de luta, eles se confundiram, ao terem pontos de intercruzamentos com os interesses dos dominados que, ao lutarem contra esse mesmo poder, se sustentaram em "pontos" que reafirmaram esse poder e interesse de classe.

20. Esse grifo é nosso.

Vejamos a partir das situações evidenciadas pelos sujeitos R e S. Para o primeiro sujeito as suas experiências em relação à pesquisa na instituição não são favoráveis a uma prática constante dessa atividade, pois até mesmo o entendimento sobre esse processo é difuso, o que fortifica ainda mais a frágil recorrência e reconhecimento da sua importância para um trabalho sistemático e permanente. Com isso, o conhecimento que nada mais é do que o resultado da composição de farelos, peças isoladas da realidade,[21] é dado como verdadeiro na sua imediaticidade. E, em nome de uma falsa cientificidade objetiva, a instituição como microssistema de domínio reafirma o seu poder, institui o seu discurso e proclama a sua palavra de ordem em relação aos mecanismos, meios e instrumentos a serem utilizados no "combate" à situação de miseráveis, pauperizados, de grande contingente da população deste País. Mas, para tanto, a instituição recorre ao Serviço Social e desse exige o "[...] desenvolvimento de atividades que justifiquem a própria existência da instituição e que lhe dê certa credibilidade junto aos órgãos de onde provêm os seus recursos". Então, embora esporadicamente, utiliza a "pesquisa".[22] Mas as instituições portadoras do Serviço Social não são apenas as bruxas malvadas que castram o desenvolvimento da pesquisa, impedindo o avanço do conhecimento.

Existem instituições que, embora ainda tomando a pesquisa de maneira instrumental, valorizam a sua prática, daí pautarem o planejamento de suas atividades no conhecimento resultante desse processo, como demonstra a experiência

---

21. Nessa compreensão de conhecimento, não são percebidas as relações entre os diferentes elementos que compõem a realidade, nem são esses concebidos como elementos de uma totalidade mais ampla e que, por isso, como tal, apresentam uma totalidade restrita.

22. Lembramos que, nesse caso, pesquisa é entendida como coleta de informações obtidas por meio do emprego do questionário.

do sujeito S. De uma forma ou de outra, temos de perceber que esse tipo de conhecimento, de saber, já é visto pelas instituições como relativamente importante, não só por subsidiar, apresentar, e até determinar estratégias de ação, mas principalmente porque "poder produz saber".

Ao nos aproximarmos mais uma vez do pensamento de Foucault, vemos que essas estratégias, por paradoxais que sejam, ao mesmo tempo que se apresentam como necessárias à manutenção da situação de dominação de uma classe, de uma certa maneira são reafirmadas pelos dominados ao lutar contra a dominação. E dessa inter-relação conflituosa, emerge um "poder-saber" não de confrontação à dominação, mas que, no seu construir-se no processo das lutas interclasses, determina as condições e aplicabilidade do conhecimento. Ao nosso ver, isso constitui uma sintonia entre saber e poder,[23] em que o Serviço Social, a partir desse estado, toma os assistidos, como diz Yazbek (1993, p. 156), como "matéria-prima" das suas ações e, ao fazer isso, assume a condição que o "situa no âmbito do saber e do poder técnico-científico especializado que reconhece suas necessidades".

---

23. Admitimos a existência de uma sintonia entre saber e poder, sendo que essa é vista não como uma situação harmoniosa entre essas duas categorias, mas como uma condição decorrente de forças que se constroem independentemente e que não conseguem uma autonomia, por operarem em frequências semelhantes. Em outras palavras, o poder guarda íntima relação com o saber e vice-versa, daí ser factível de crítica a premissa que afirma só existir saber no despojamento do poder. Foucault (1977, p. 29) diz que "seria talvez preciso, também, renunciar a toda uma tradição que deixa imaginar que só pode haver saber onde as relações de poder estão suspensas e que o saber só pode desenvolver-se fora de suas injunções, suas exigências e seus interesses. Seria talvez preciso renunciar a crer que o poder enlouquece e que, em compensação, a renúncia ao poder é uma das condições para que se possa tornar-se sábio. Temos antes de admitir que o poder produz saber (e não simplesmente favorecendo-o porque o serve ou aplicando-o porque é útil); que poder e saber estão diretamente implicados; que não há relação de poder sem constituição correlata de um campo de saber, nem saber que não suponha e não constitua, ao mesmo tempo, relações de poder".

A maneira peculiar de cada instituição tratar a pesquisa deve ser compreendida a partir, como já ressaltamos, das modalidades com que a sociedade se comporta em relação à ciência, à pesquisa, à produção do conhecimento. Quando as situações de uma sociedade concreta são percebidas na ordem institucional, fica mais fácil para o pesquisador atento aproveitar as pequenas oportunidades para transformar os interesses de grupos privilegiados em atividade que apreende o real e o apresenta como interesse dos grupos sociais subalternizados. Assim procedendo, o pesquisador age ativamente no sentido de conhecer a gênese das questões sociais, o desenvolvimento e desencadeamento dos interesses antagônicos de classes.

Com essa atitude, fica inviabilizado o tratamento desqualificador dos usuários, pois esses deixam de ser tomados como elementos e objetos dependentes das benesses institucionais. Essa é, no nosso entender, a forma de a pesquisa dar um salto qualitativo e deixar de ser uma atividade que descreve um conjunto de situações vivenciadas pelo Serviço Social e mutuários dos serviços assistenciais como meros fatos, sem nenhuma ligação com contextos mais amplos e que só se desenvolve quando é institucionalmente favorecida pela sua utilidade nesse contexto. É a maneira de tirar a conotação de que o conhecimento científico é uma arma nas mãos dos seus detentores, para se transformar em luz que ilumina o caminho de uma ação comprometida com a transformação social.

É possível vislumbrarmos, no Serviço Social, pesquisas com tais envergaduras. Tudo bem, ainda são limitadas, pois os intelectuais da área, quase na sua maioria, ainda não ousam ir de encontro aos discursos instituídos, apesar da tentativa dos que se fundamentam em outras matrizes teóricas não positivistas. No entanto, a partir dos meados da década de 1980 para cá, quando a teoria crítica marxiana influencia o conhecimento no Serviço Social, juntamente com outras posturas teóricas de vanguarda, advindas principalmente da História, Sociologia e Filosofia, temos verificado que as pesquisas não mais têm se limitado a classificar e a ordenar os diferentes aspectos relativos à realidade problematizada. Ladeando esses procedimentos, ações de confronto dos aspectos já sistematizados com as realidades contraditórias são realizadas, o que torna possível de apreensão, por ocasião da produção do conhecimento, as atividades que vão se juntar a outras experiências dos indivíduos. Indivíduos que são representados como seres ativos e autores da história. Autores não individuais, pois são sujeitos que agem, criam, com base em certas condições sociais que lhes são determinadas historicamente.

Setores da sociedade, gradativamente, vêm revendo a sua posição no pertinente à pesquisa e expandindo suas concepções em relação à mesma. Por isso, essa compreensão racionalizadora[24] sobre a produção do conhecimento, que reflete os interesses individuais e institucionais, aos poucos, tem sido substituída por necessidades que não ignoram as anteriores, mas que também levam em conta as exigências técnicas, profissionais e sociais. As necessidades e exigências são decorrentes do homem que, como ser social, está permanentemente se fazendo pela ação e tem nessa o germe da permanente transformação. O ser transformado, por resultar de diferentes condicionamentos, social, histórico, cultural, econômico, político e religioso, funciona como um amálgama representativo do "real histórico". Esse real, segundo Cornelius Castoriadis (1991, p. 99),

---

24. A compreensão racionalizadora da pesquisa transforma esse processo num instrumento de dominação e poder à medida que, em nome da cientificidade, os detentores do conhecimento, no âmbito institucional, fazem intervenções normatizadoras, desenvolvem ações que pregam valores disciplinares do indivíduo, de grupos ou setores da sociedade, usuários dos serviços prestados pela instituição.

não é integralmente e exaustivamente racional. Se o fosse, não haveria jamais um problema do *fazer*, pois tudo já estaria *dito*. O fazer implica que o real não é totalmente racional; ele implica também que ele não é tampouco um caos que comporta estrias, linhas de força, nervuras que delimitam o possível, o factível, indicam o provável, permitem que a ação encontre pontos de apoio no dado imediato.

Até aqui tecemos considerações sobre os elementos estimuladores da pesquisa e as suas características nas instituições, restando-nos agora refletir sobre esses na instituição responsável pela formação básica e pós-graduada do assistente social — a universidade. Antes, porém, nos parece de vital importância vermos a universidade brasileira por intermédio da história, pois só assim se torna possível uma compreensão mais plena do comportamento dessa entidade de ensino superior, como instância também influenciadora da produção do conhecimento no Serviço Social.

Sabemos que nessa cultura o conhecimento por meio da pesquisa, de um modo geral, tem se vinculado de forma mais firme nas universidades, muito embora se constatem experiências realizadas em escolas do primeiro e segundo graus e, nesses graus, nas suas especificidades de cursos técnicos e profissionalizantes. Contudo, dentro do que nos interessa, a universidade é a instituição de ensino focalizada, tendo em vista que quase todos os sujeitos de nossa pesquisa, embora guardando algumas situações em que uns possuem dois vínculos funcionais e outros que exercem apenas a prática de prestação de serviços, pertencem ao quadro de professores dessa instância educacional. Por isso, com a riqueza só adquirida no cotidiano das suas experiências de docentes, consideramos esses sujeitos testemunhos vivos das marchas e contramarchas dessa instituição, no pertinente ao desempenho das suas responsabilidades de produtora de conhecimentos. Há muito que intelectuais preocupados com o refle-

PESQUISA EM SERVIÇO SOCIAL

tir e renovar o saber denunciam a nossa universidade como consumidora acrítica e repetidora de informações, técnicas e até de recursos culturais de países colonizadores. Como diz Anísio Teixeira (1969, p. 235-236):[25]

> A universidade brasileira, além de preparar profissionais para as carreiras liberais e técnicas que exigem uma formação de nível superior, o que tem havido é uma preocupação muito fluida com a iniciação do estudante na vida intelectual. Daí poder-se afirmar que, ressalvando o aspecto habilitação profissional, a universidade brasileira não logrou constituir-se verdadeiramente como uma instituição de pesquisa e transmissora de uma cultura comum nacional, nem logrou se tornar um centro de consciência crítica e de pensamento criador.

Mas essa não foi a única voz que se levantou para denunciar a posição difusa da universidade em frente à pesquisa; lembremos, por exemplo, que, por volta dos anos 1960, Darcy Ribeiro, juntamente com outros intelectuais, procuraram revitalizar o pensamento de Anísio Teixeira. É dessa luta calcada no desejo das bases intelectuais de vanguarda que surge o projeto de uma universidade diferente da até então existente, e esse é concretizado pela criação e fundação da universidade de Brasília. Infelizmente, o golpe de 1964 impede que o sonho, o desejo e o reconhecimento da necessidade de renovar o conhecimento, a partir de uma reflexão

---

25. Segundo Luckesi, Barreto, Cosma e Baptista (1991, p. 34-35), desde 1935 se registra no Brasil o desejo da existência de uma universidade livre e democrática. Pois, já naquela década, Teixeira mostra a importância desta como centro de "debates livre das ideias". Porém, como afirmam ainda esses pesquisadores, "[...] com a chegada da ditadura, com a implantação do Estado Novo em 1937, caiu por terra o sonho do extraordinário Anísio Teixeira. É que as ditaduras são incompatíveis com os debates, e a verdadeira universidade deve ser edificada sobre e a partir do debate livre das ideias".

crítica, questionadora e sistemática, por parte da universidade, seja realizado. Mais uma vez, despoticamente, é abafada a própria essência dessa instituição. O seu papel de questionadora crítica da realidade, de construtora de conhecimentos fundamentados nas necessidades e problemas do Brasil e, ainda, o papel de integradora nacional de uma saber técnico-científico são proibidos, ao mesmo tempo em que são varridos dos seus quadros, como já falamos em momentos anteriores, os sujeitos que comungam com esse novo modelo de universidade.

A política educacional constitui uma insanidade, não apenas do ponto de vista dos intelectuais identificados com esse modelo de universidade, mas também da própria igreja católica[26] que, apesar de responsável por boa parte do dogmatismo e colonialismo presentes nessa instituição, pois ainda hoje existem segmentos no seu interior defensores de tal postura, assim se manifestou, oficial e publicamente por ocasião da Conferência Episcopal Latino-Americana (Celam), realizada em Medellín, em relação à educação:

> Estamos com uma educação uniforme em um momento em que a comunidade latino-americana despertou para a riqueza do seu pluralismo humano; passiva, quando já soou a hora para nossos povos de descobrirem seu próprio ser, pleno de originalidade; está orientada no sentido de sustentar uma economia baseada na ânsia do "ter mais", quando a juventude latino-americana exige "ser mais", na posse de sua autor-realização pelo serviço e no amor. Em especial, a formação de

---

26. É-nos dado a conhecer por meio do trabalho de Sucupira (1972, p. 7), que a igreja católica é a responsável, durante a Idade Média e a Reforma, entre os séculos XI e XV, pela unificação do ensino superior, assumindo uma postura identificada com a sociedade e a cultura medieval. Mas o que nos é significativo, além do fato de ela ter unificado o ensino superior na universidade, é a sua postura dogmática que impunha, com toda força, verdades absolutas, principalmente da fé, da religião.

nível médio e superior sacrifica, com frequência, a profundidade humana em nome do dogmatismo e do imediatismo, para ajustar às exigências do mercado de trabalho. Este tipo de educação é responsável pela colocação do homem a serviço da economia e não desta a serviço do homem (Conselho Episcopal, 1978, p. 43).

Como podemos ver, embora não sendo toda a sociedade que se manifesta a favor de mudanças radicais na universidade, setores e grupos representativos se posicionam a favor do abandono do papel tradicional que, até então, a universidade tem desempenhado em decorrência da sua forte identificação com as características da Idade Média, na qual vários alunos, de forma passiva e resignada, se postavam diante do mestre para ouvirem-no proclamar o seu saber. É bem verdade que tal postura ainda está presente na universidade brasileira como um todo, pois essa, nos anos findos da penúltima década do presente século "[...] não logrou constituir-se verdadeiramente como uma instituição de pesquisa e transmissora de uma cultura comum nacional, nem logrou se tornar um centro de consciência crítica e de pensamento criador" (Teixeira, 1969, p. 235-36). Todavia, apesar de todos os percalços, já vislumbramos, neste cenário, o esforço e resultados das lutas para que essa instituição de ensino superior seja livre para criar e para contestar as verdades postas. Dessa maneira, percebemos que as forças emanadas do sistema ditatorial, presentes desde Getúlio Vargas até os últimos anos do período militar, não foram suficientemente fortes para matar os ideais daqueles que querem uma universidade produtora de saber contextualizado, crítico e criativo. Mas, para tanto, não basta que ela seja considerada centro produtor de conhecimentos, pois, ladeando esse papel, outras atitudes devem ser assumidas, como o envolvimento de todos os sujeitos que compõem o contexto universitário, principalmente professores e alunos, para que, de forma comprometida, lutem pelo espaço em que o saber se constrói e continuamente se transforma a partir de mentalidades criativas. Só dentro de cenários educativos como esse é que a pesquisa ocupa o seu lugar na universidade, pois passa a ser considerada como atividade-processo essencial para o cultivo do saber científico continuado e impregnado pela contextura do momento histórico, vivido por essa e seus pesquisadores.

Ao adentrarmos a história da universidade e lá procurarmos perceber os cursos de Serviço Social dentro desse mundo acadêmico,[27] encontramos situações idênticas às vivenciadas pelos sujeitos Q, Z, R e S em outras instituições, em relação à pesquisa. Encontramos também, principalmente nesse mesmo universo, os profissionais do Serviço Social que empreendem esforços na luta para conquistar para a profissão um *status* acadêmico, sendo que esse está intimamente relacionado ao reconhecimento da importância da pesquisa na e pela área. É por isso que vemos, na prática acadêmica como nas demais, a fluidez com que são movimentados os elementos influenciadores da pesquisa no Serviço Social, pois esses se deslocam a partir de várias forças, muitas das quais extrapolantes à área, como é o caso do reconhecimento do seu estatuto de pesquisador e da sua aceitação como área de conhecimento científico. O sujeito T, por meio do seu depoimento, reconhece que

> a universidade é uma instância influenciadora da pesquisa, não resta dúvida. Mas, para isso, ela necessita primeiramente formar um quadro de pesquisadores, e foi para formar pesquisadores que surgiram os programas de mestrado e fundamentalmente os de doutorado. É claro que a formação não se limita à titulação, pois, para essa, subentendemos que o sujei-

---

27. Os cursos de Serviço Social no Brasil só passaram a fazer parte da universidade a partir da década de 1970, pois, até então, funcionavam como escolas isoladas.

to cognitivo esteja dotado de um instrumental técnico-científico necessário à compreensão do mundo, das necessidades humanas e das estruturas que os escravizam. Pois bem, além de formar pesquisadores, tem a universidade a obrigação de viabilizar uma ação ativa e transformadora, capaz, pela via do conhecimento, de levar o homem a refletir sobre si mesmo, sobre as diferentes situações que, direta ou indiretamente, lhe dizem respeito.

Se essa é a via que leva a universidade a atingir os seus objetivos em relação à produção do conhecimento, é também a que a conduz e estimula a pesquisa. Pois a partir de um quadro de pesquisador constituído de acordo com as especificidades das diferentes áreas do saber, tem a universidade o direito de exigir uma produção científica séria, rigorosa e voltada para os problemas nacionais, regionais, estaduais ou até mesmo locais. É por isso que sujeitos da nossa amostra afirmam que a universidade, por meio da prática acadêmica, exige a pesquisa, porque essa, aos poucos, vem procurando se desvencilhar de atitudes impositivas[28] e de guardiã de verdades estáticas, transmitidas de geração em geração de jovens. Concomitantemente a essas sensíveis alterações, percebemos que o potencial humano dos cursos de graduação[29] e pós-graduação tem procurado estimular a pesquisa à medida que são exigidos a também pesquisar.

---

28. Como as que provêm das determinações decorrentes das exigências de oligarquias locais, ou seja, das que decorrem do poder político e econômico dominante que, alheios aos interesses pedagógicos, didáticos e da responsabilidade da universidade com o avanço do conhecimento, interferem e agem à revelia da comunidade universitária (professores, alunos e administrativos).

29. Apesar de a preocupação com a pesquisa ainda ser bastante debilitada na graduação, existem muitas universidades que procuram estimular os seus alunos a desenvolverem, como iniciação científica, projetos de pesquisas individuais. É desses projetos que resultam alguns trabalhos acadêmicos como, por exemplo, o Trabalho de Conclusão de Curso (TCC).

Com isso fica patente que a verdadeira universidade estimula a pesquisa, pois a sua essência tem como finalidade a produção de conhecimentos. É por isso que há quem diga, e aqui citamos Luckesi et al. (1991, p. 39) "que uma universidade sem pesquisa não deve, rigorosamente, ser chamada de universidade".

Pelo exposto podemos identificar, nesse contexto, duas modalidades de estímulos à pesquisa com as suas devidas especificidades: uma, que decorre de exigências acadêmicas, como as desenvolvidas na graduação e na pós-graduação, sob a responsabilidade aparentemente individual do aluno e uma outra, voltada para o corpo docente. No primeiro caso a sazonalidade da pesquisa é bem marcante, pois em se tratando de uma atividade imposta[30] e exigida com fins de titulação, ela se encerra com a conclusão do relatório em forma de dissertação, não ocorrendo um aprofundamento posterior do mesmo e/ou a identificação de uma nova temática para estudo. Nesse ponto, cabe-nos admitir uma certa relação, também, entre qualificação para pesquisa e o seu desenvolvimento, tendo em vista termos constatado que quanto menos graduado e qualificado estiver o profissional para a pesquisa, mais sazonal fica a sua experiência em relação à mesma. Daí serem os doutores, que constituem o quadro de docentes dos programas de pós-graduação, os que têm apresentado maior produção e uma prática de pesquisa mais constante.

A pesquisa, como atividade constante desses docentes, tem se concentrado em núcleos temáticos instigantes de reflexões, ligados às diferentes situações concretas que envol-

---

30. A imposição a que nos referimos relaciona-se à produção de um trabalho científico, pois a temática, a metodologia e os pressupostos teóricos são determinados pelo aluno, muito embora esse seja orientado a desenvolver projetos dentro das linhas de pesquisa dos programas.

vem o Serviço Social e a população usuária dos seus serviços. Podemos observar o cuidado com que os docentes buscam a apreensão da realidade, muito embora se possa reconhecer em alguns produtos certa dificuldade em se aproximar do objeto na sua contextualidade e temporalidade. Mesmo assim, vemos os anos 1980 como um novo marco para a pesquisa no Serviço Social, tendo em vista se constatar, no seu interior, um movimento questionador que, fundamentado pela matriz marxista, procura captar a realidade vivida pelo homem brasileiro, dentro do cenário das suas lutas, de seus conflitos e das suas conquistas. Ao nosso ver, esse é mais um esforço do Serviço Social, no sentido de atingir a *vida na sua concretude*, e aqui consideramos todas as circunstâncias que envolvem o homem na sua singularidade, para, dessa forma, apreendê-la na dinâmica do movimento que o conduz à emancipação social.

Embora não possamos generalizar essa postura metodológica por parte de todos os trabalhos daquele período, temos de reconhecer o esforço desenvolvido no sentido de dotar a pesquisa de certa validez para o avanço reflexivo da produção. Validez esta que se sustenta não só pela boa fundamentação teórica, mas também por toda conduta que viabiliza à pesquisa apreender, embora temporariamente, a realidade na sua concretude e complexidade histórica. Aparentemente, isso não deveria ser difícil para o Serviço Social. Esse, como um todo, é uma das profissões privilegiadas no sentido de ter à mão as maiores riquezas para uma prática investigativa. Isso já afirmamos em trabalhos anteriores a este, como também é um pensamento que se associa ao de Karsch (1988, p. 123), quando ela considera o assistente social "[...] o pesquisador que não precisa procurar um problema objeto de investigação, porque o seu trabalho se torna problema, fornece problemas, e é, em princípio, pelo menos um tema a ser desdobrado e pesquisado".

À primeira vista todos os ventos parecem soprar a favor da produção do conhecimento no Serviço Social, mas a pesquisa na área não tem sido fácil, apesar das condições imbricadas na própria ação profissional. Juntamente com aquelas condições, não podemos nos esquecer da existência das interferências sobre essa ação, de condicionamentos objetivos que, em interação com as atitudes do pesquisador, dão rumo ao conhecimento ao mesmo tempo em que influenciam as condições que favorecem a prática constante ou sazonal da pesquisa na instituição, seja na universidade, seja em outros espaços. Por essa razão, se hoje o Serviço Social já apresenta um reconhecimento como área de conhecimento, junto aos órgãos financiadores de recursos para a pesquisa, isso se deve, reafirmamos, ao esforço e à luta de estudiosos dessa prática profissional que procuraram firmar no contexto acadêmico, bem como em órgãos provedores de recursos para a pesquisa, o estatuto de pesquisador para a área.

As experiências dos nossos sujeitos nos mostram que, associados ao empenho e compromisso individual e/ou de grupos com a prática da pesquisa, são indispensáveis à disponibilidade financeira e material, à existência de um suporte institucional para que ocorra uma prática mais constante de pesquisa. Assim sendo, nos cabe ressaltar que a disponibilidade de recursos e meios são condições que não podem ser negligenciadas por ocasião da pesquisa, pois é impossível haver um comprometimento com essa, se a instituição não oferece, pelo menos, condições mínimas em relação a esses recursos, e tempo para que o pesquisador se dedique a essa ação construtiva do conhecimento.

Ao falarmos em condições materiais e financeiras, torna-se indispensável lembrarmos que esse suporte às universidades, ou diretamente às demandas individualizadas, são provenientes de órgãos federais como o CNPq, Capes, Finep, havendo casos de órgãos regionais e estaduais que, embora em reduzida escala, têm financiado pesquisa na área, como é o caso, em São Paulo, da Fapesp, entre outros.

O CNPq[31] e a Capes são os órgãos que têm se constituído fontes financiadoras ímpares da produção do conhecimento no Serviço Social, por meio da concessão de bolsas por quota para: iniciação científica aos alunos da graduação, aperfeiçoamento e especialização e, ainda, dessa mesma categoria, bolsas que permitam "a qualificação de recursos humanos mediante a participação em programas de mestrado e doutorado, visando atender as finalidades e metas previstas na política de desenvolvimento científico e tecnológico do país" (Conselho Nacional, 1978); e para os pesquisadores individuais doutores ou para os projetos integrados.[32]

Tanto no CNPq como na Capes, a existência de um representante de Serviço Social nesses órgãos é recente. No CNPq, essa inserção só veio a ocorrer em 1985, com a criação, dentro da área de Ciências Sociais e Comunicação, do comitê assessor de Psicologia e Serviço Social. Até aquela data, as solicitações de pesquisas feitas a esse órgão eram em número bastante reduzido e consideradas de baixa quali-

---

31. A partir de 1985 esse órgão se tornou, basicamente, o principal financiador da pesquisa no Serviço Social, tanto por meio de bolsas para a pós-graduação, como ao financiar projetos, muitos dos quais individuais, e ao atribuir bolsas para pesquisa a doutores, ou pesquisadores possuidores de perfil e produção equivalentes ao pesquisador-doutor. Ao nosso ver essa é a principal diferença desse órgão em relação à Capes, pois enquanto esse se preocupa mais precisamente com a pesquisa, seja essa na pós-graduação ou não, a Capes subsidia financeiramente a formação na pós-graduação e consequentemente a pesquisa. Logo, as bolsas da Capes estão vinculadas à formação não só de pesquisadores mestres e doutores, mas também de profissionais com essa titulação.

32. A partir dos primeiros anos da década de 1990, o CNPq começou a recomendar o desenvolvimento de projetos integrados, quando se tratando de pesquisas dos docentes ou outros grupos da categoria.

dade, o que justificava a não existência de um comitê e o encaminhamento dos parcos projetos de pesquisa para consultores de outras áreas. É certo que essa inserção foi mais um passo, e que cada passo é uma conquista resultante de lutas. Mas ainda falta ao Serviço Social exercer junto a esses órgãos uma maior pressão, por meio de demandas de bolsas para pesquisas e auxílios para pesquisas, pois não precisamos hoje reafirmar o Serviço Social como profissão dotada apenas de "[...] 'habilidades práticas' para resolver problemas com perícia, por meio de entrevistas, encaminhamentos, reuniões, campanhas mobilizações" e que "às vezes, se confundiu com sacerdócio ou militância" (Faleiros, 1990, p. 42). Por sua vez, a Capes, apesar de ter sido instituída em 1951,[33] apenas em 17 de setembro de 1993 criou a coordenação de Serviço Social e Economia Doméstica, dentro da área de Ciências Sociais Aplicadas. Como os demais coordenadores de área, o Serviço Social também compõe o Conselho Técnico Científico desse órgão.

Devido aos estímulos que gradativamente têm aumentado, por parte, principalmente, do CNPq, que tem as suas cotas expandidas com base na demanda apresentada, a procura de auxílios à pesquisa aumentou de 16 para 34 entre os anos de 1985 e 1988, sendo que entre 1987 e 1988 ocorreu uma maior recorrência a esse tipo de suporte financeiro. No que se refere ao número de atendimentos aos pedidos no mesmo período, como podemos ver no quadro seguinte, teve uma variação de crescimento menor naquele mesmo período.

---

33. Foi criada por Anísio de Abreu, com preocupações, aqui já mencionadas, puramente pedagógicas. Apesar de hoje questionadas, as ideias do seu fundador, que dividiu a formação em áreas de especialização e formação, em que formação é compreendida apenas como mestrado e doutorado, desde a criação e reconhecimento dos programas de pós-graduação, têm fomentado a política de formação de pesquisadores do Serviço Social, por meio de concessão de bolsas aos alunos, acompanhamento e avaliação dos programas de pós-graduação.

Quadro IV

**Demanda e atendimento de auxílio à pesquisa para o Serviço Social.
CNPq — 1985-1988**

Ano	Demanda	Atendimento
1985	16	9
1986	18	12
1987	21	15
1988	34	16
1989	—	—

Fonte: Faleiros (1990, p. 48).

O suporte financeiro dado por esse e outros órgãos tem favorecido consideravelmente o aumento da pesquisa no Serviço Social, a ponto de ser vista pelo próprio CNPq, que até 1984 considerava essa produção "autóctone" como expressiva, "[...] apesar de ainda carente de avanço significativo em relação à construção mais consistente da teoria e do objeto do Serviço Social" (Seplan, 1984, p. 132). Porém, além do apoio dos órgãos federais citados, particularmente o CNPq, existem outras condições que se apresentam como estimuladoras e/ou desestimuladoras para o pesquisador, em matéria de produção de conhecimento. Citemos os apresentados pelos sujeitos da pesquisa:

- ter o produto da pesquisa reconhecimento por parte das entidades como ABESS e CEDEPSS, bem como pelos próprios profissionais, como unidade representativa menor do Serviço Social;

- existir o reconhecimento da necessidade do Serviço Social compreender e dar resposta, de forma mais substancializada, às demandas advindas das novas questões sociais.

Diante da análise dos diferentes pontos aqui apresentados, vemos que as mesmas situações que provocam ou estimulam a produção do conhecimento podem, quando a força se desloca em sentido inverso, causar a sazonalidade da pesquisa. Como sabemos, só podemos dizer que existe uma prática periódica dessa no Serviço Social quando nos confrontamos com experiências em outras áreas do saber de uma ação elaborativa científica mais constante. Porém, o mundo da produção científica é uma "terra de ninguém" daí discordarmos das posturas apropriadoras de conhecimentos. O mundo da produção científica é um cosmo habitado por todos que, com coragem, enveredam na experiência e na labuta da apreensão da realidade, cuja concretude e compreensão maior só podem ser apreendidas por pesquisadores que apresentem uma certa competência no manuseio do instrumental metodológico e postura teórica evidenciada na sua relação com o objeto. Profissionais pesquisadores dispostos a enfrentar os desafios que lhes são impostos por uma prática de pesquisa questionadora e construtora permanente do objeto.

PONTOS DE RELEVÂNCIA DA TRAJETÓRIA PERCORRIDA: ACHADOS E CONTRIBUIÇÕES DECORRENTES

> *Alguém poderia objetar que quanto mais a obra tende para a multiplicidade dos possíveis mais se distancia daquele unicum que é o* self *de quem escreve, a sinceridade interior, a descoberta de sua própria verdade. Ao contrário, respondo, quem somos nós, quem é cada um de nós senão uma combinatória de experiências, de informações, de leituras, de imaginações? Cada vida é uma enciclopédia, uma biblioteca, um inventário de objetos, uma amostragem de estilos, onde tudo pode ser continuamente remexido e reordenado de todas as maneiras possíveis.* (Ítalo Calvino, 1991, p. 138)

Nesta labuta intelectiva, muitas foram as circunstâncias que nos surpreenderam e nos levaram a pensar sobre o movimento, infinitamente maior do que o proposto nos momentos iniciais da nossa investigação, ocorrido neste processo de aprendizagem e apreensão da realidade sobre Pesquisa no Serviço Social. A riqueza do percurso, os achados, as contribuições e as dificuldades que nos foram impostas pelas próprias exigências que se colocam a um trabalho acadêmico desse porte aprofundaram a nossa concepção de que no processo elaborativo de conhecimento não é apenas esse que se constrói como produto da pesquisa pois, à medida que o pesquisador se aproxima do seu objeto de estudo, também como sujeito ativo, crítico e histórico, interioriza no seu ser elementos significativos apreendidos no desenvolver dessa atividade. Por isso, quando Calvino (1991, p. 138) pergunta "[...] quem somos nós, quem é cada um de nós", também como ele respondemos que somos "[...] uma combinatória de experiências de informações, de leituras, de imaginação", que constantemente se transforma, mesmo no aparente marasmo que, em alguns momentos, possamos vivenciar na cotidianidade da vida...

Pesquisa no Serviço Social: utopia e realidade é para nós muito mais do que um simples cumprimento de exigência acadêmica, representa a tomada de consciência da necessidade de expansão no Serviço Social, do reconhecimento da vinculação orgânica entre prática profissional e prática de pesquisa, e de sua estreita relação com o contexto histórico.

É de uma riqueza muito grande a complexidade inerente à atividade de pesquisa, o que elimina os riscos de olharmos para ontem com os olhos de ontem, de procurarmos entender hoje a pesquisa, no Serviço Social, com o mesmo olhar que nos envolveu no passado, até mesmo bem próximo, como quando emergiu o nosso desejo de problematizar cientificamente essa temática.

A impressão de chegada que ora se apresenta, no momento de finalização desse trabalho, é simplesmente ponto de uma caminhada sem fim. A paisagem desse percurso se forma por situações problematizantes para um pesquisador atento até mesmo às situações aparentemente mais simples, mas que fazem parte do cotidiano do homem demandatário da ação do Serviço Social e desse como prática social e histórica. A nossa chegada ao "término" da elaboração deste produto de pesquisa está permeada de indagações, sempre em nós representadas pelas inquietações que nos instigaram e que hoje nos estimulam a partirmos em busca de aprofundamento desse estudo e de novos conhecimentos, de apreensão de uma realidade concreta por meio de outras buscas e pesquisas, em que o seu produto não se apresente de forma pesada, estanque, dogmática e incompreensível para a própria categoria profissional e demais sujeitos envolvidos pela prática institucional do Serviço Social. Isso foi o que procuramos corporificar em cada momento da nossa pesquisa, por meio de ações reflexivas e sistemáticas. Porém, as exigências de sistematização científica não nos impediram de desenvolver uma relação dialogada, e até informal, com o nosso objeto e tampouco que a mesma fosse *leve* na sua apresentação. Por meio de movimentos extrapolantes ao imediato, mas cheios de informações empíricas, procuramos dissolver a compacidade que envolve a pesquisa no Serviço Social, ao mesmo tempo em que não medimos esforços em apreender essa realidade no seu todo. Essa realidade só pode ser apreendida por meio de um esforço cognoscível e crítico que constrói o conhecimento, sem, todavia, conceber o processo que lhe deu origem como uma atividade que parte do simples para o complexo. É com encanto, embora reconhecendo a provisoriedade desse conhecimento, que vemos objetivada neste trabalho tal atividade. Essa, embora de aparência unicamente teórica, se desenvolveu do abstrato para o concreto, sem dicotomização, tendo clara a unidade existente entre a diversidade de determinações que compõem o ato teórico e o ato prático.

Como diz Kosik (1989, p. 188), "o agir humano não está dividido em dois campos automáticos, um independente do outro e reciprocamente indiferentes, um que é a encarnação da liberdade e outro que é o campo de ação e necessidade". Não, não está, e essa compreensão aos poucos vem penetrando no Serviço Social, e o interessante é que ela tem ocorrido em concomitância ao desenvolvimento de sua prática de pesquisa. Por esse motivo é que hoje podemos dizer que a questão da produção do conhecimento no Serviço Social está devidamente situada na ordem do dia da profissão, apesar do limitado desempenho ainda registrado nessa atividade. Constatamos que no interior do Serviço Social está presente a preocupação com a produção de pesquisa; uma pesquisa que dê conta das exigências decorrentes da reorganização, até mesmo em escala mundial da nova divisão social e técnica do trabalho; que dê respostas às demandas sociais e que subsidie o agir comprometido com as mudanças sociais. É certo que nem sempre isso tem se manifestado com clareza no discurso profissional de um modo geral, e o fato, ao nosso ver, deve-se a todas as situações analisadas na presente tese, tanto em relação à importância dada pela sociedade brasileira à construção do saber, quanto pelas circunstâncias históricas que caracterizam o Serviço Social como profissão de intervenção e não de construtor, também, de conhecimento.

Apesar de a história das cinco primeiras décadas do processo de institucionalização do Serviço Social no País registrar a incipiente produção no âmbito da pesquisa, temos constatado que, aos poucos, ele vem conquistando espaços e obtendo legitimidade como área de conhecimento. Está presente, nas suas discussões atuais, a preocupação em construir uma base sistemática e racional que possa ser utilizada nas suas decisões e agir profissional. É isso que com mais força tem se verificado da penúltima década deste século para cá, apesar das dificuldades encontradas pelos pesquisadores e dos obstáculos que parecem querer barrar o fluxo mais contínuo e maior da pesquisa no Serviço Social.

No interior do Serviço Social são fortes os posicionamentos que demonstram a importância e necessidade dessa prática profissional romper com as barreiras que a separam das demais disciplinas de estatuto científico reconhecido e reafirmado permanentemente por seus agentes profissionais que se dedicam à pesquisa. O olhar de espectador desatento, que apenas capta a realidade na sua manifestação empírica, não mais satisfaz a uma boa parcela de profissionais do Serviço Social, pois o agir com base nessa visão contemplativa já foi percebido como incapaz de dar conta da apreensão do real na sua manifestação temporal e histórica. Por isso, as nossas preocupações iniciais sobre a apreensão dos significados e significância da pesquisa para o Serviço Social, hoje, se apresentam de forma bastante clara e palpável, tendo em vista o crescente aumento de trabalhos produzidos, nos primeiros anos da década de 1990, e das realizações periódicas de eventos regionais e nacionais, como os promovidos pela ABESS e CEDEPSS. Nesses encontros, a pesquisa tem se colocado como debate central nas reflexões atuais da profissão. O prognóstico que formulamos com base nesse estudo, em relação à produção da pesquisa nessa área, é bastante promissor. Porém, consideramos de grande importância manter um olhar cauteloso para as seguintes questões:

- que, em nome de uma valorização da prática da pesquisa científica, não exista uma desvalorização da prática institucional concretizada a partir de orientações de pesquisas não acadêmicas;
- que haja um reconhecimento de reciprocidade e temporalidade entre esses dois tipos de pesquisa;
- que seja desenvolvida uma interlocução mais próxima entre os profissionais ligados à prática institucional e os pesquisadores, de modo a favorecer o surgimento de conhecimento teórico substancializado na prática e representativo dessa unidade;

- que os debates teóricos sejam formulados de maneira ética, para não inibir o desenvolvimento do embrião da pesquisa, que se gesta no Serviço Social, e tampouco transformar as diferenças teóricas em problemas pessoais;
- que a cultura científica emergente nessa área não seja vista personalisticamente e como condição de privilégio, pois, como diz Weil (1979, p. 48), "[...] longe de dar direito a privilégio, é, em si mesma, um privilégio quase terrível que exige, em contrapartida, responsabilidades terríveis".

Somos testemunhas e também sujeitos do processo de transformação ocorrido no Serviço Social; do empenho que a cada dia cresce em quantidade e qualidade no interior dessa prática social, ora vencendo as fragilidades teórico-metodológicas, os ranços adquiridos no contato por muitos anos com os paradigmas positivistas, ora rompendo com as circunstâncias que favorecem o frágil reconhecimento do Serviço Social, como área de conhecimento, por parte de órgãos promotores de pesquisa e instituições diferenciadas, aos quais ele está vinculado. Vemos, porém, que muitos caminhos ainda estão para ser percorridos até que aconteça o total desvencilhamento do Serviço Social com o ideário positivista que divide o agir do homem em campos automáticos e independentes, que estabelece uma dicotomização entre teoria e prática, até mesmo nas experiências em pesquisa.

O tratamento destinado à construção do conhecimento está, em boa parte, configurado ao universo das produções dos pós-graduados, razão por que não podemos considerar, ainda, a pesquisa no Serviço Social como práxis. As produções científicas podem ser, na sua totalidade, diferentes manifestações de uma atividade teórica, mas não uma produção que apresente o caráter revelador e resultante da práxis social, ou que leve a ela. No nosso entendimento, o salto qualitativo da pesquisa como práxis é dado quando o ato de pesquisar atinge a sua significância, com o reconhecimento, em princípio, por parte do próprio pesquisador, da pesquisa como atividade prática, pela qual o conhecimento científico é construído dialeticamente e não apreendido no espaço. Isso nos permite afirmar que a pesquisa por si só não garante mudanças sociais, pois é indispensável que se acrescente a essa atividade teórica uma ação crítica, uma prática questionadora. A saída que vemos para o Serviço Social se redefinir, no quadro atual da nova divisão social e técnica do trabalho, não é só se instrumentalizar da pesquisa para interpretar, como diria Marx e Engels (1977, p. 128), "o mundo de diferentes maneiras; mas o que importa é transformá-lo".

A pesquisa que considera o homem, os grupos, ou populações, como simples objeto de estudo e que tem por finalidade apenas o cumprimento de exigências acadêmicas ou a satisfação de necessidades de agências financiadoras jamais se corporifica como práxis, pois fica patenteado o seu sentido estritamente utilitário.

Essas reflexões evidenciam dois caminhos percorridos pela pesquisa no Serviço Social: um, que se limita à produção teórica e que é reafirmador de uma postura positivista de análise, e outro que, além da produção teórica, colabora com a construção de um novo projeto profissional e guarda unidade de substância com o materialismo histórico e dialético. Nesta última postura investigativa o compromisso político do Serviço Social com setores desprivilegiados e explorados da sociedade é manifestado de forma transparente, ao mesmo tempo que procura deslocar para a instância estrutural os problemas antes personalizados, centrados nos indivíduos, nos grupos e nas comunidades. Nessa postura investigativa, dialética, que se contrapõe à ação higienista, há uma preocupação com a unidade entre teoria e prática, exigindo, como condição *sine qua non*, que o Serviço Social articule a sua prática com princípio na realidade concebida pela consciência histórica, portadora da análise da realidade em seus próprios termos. Porém, somos da opinião que, na culminância dessa experiência, tenhamos o cuidado de não nos determos em oposição às situações provocatórias das questões sociais, no plano das ideias, apenas, mas que, no Serviço Social, façamos uma revisão que o situe num *continuum* de construção permanente.

Sabemos que todo processo de mudança é lento. Mas o esforço questionador que desvenda as situações pouco visíveis sobre as reais condições do Serviço Social e a sua complicada relação com a pesquisa já é uma esperança de transformação muito real que hoje vislumbramos. O que lhe falta são algumas importantes tomadas de decisões que vão desde a estrutura de formação acadêmica (graduação e pós-graduação), até o enfrentamento das situações que aqui apresentamos. Este é o patamar primeiro para que outras situações externas ao Serviço Social, que dificultam a pesquisa, sejam enfrentadas com mais segurança, desenvoltura metodológica e consistência teórica. Como sabemos, não basta formar pesquisadores, antes se torna essencial criar e desenvolver necessidades de pesquisa que demandam a existência de pesquisadores competentes, profissionais comprometidos com a prática de construção de conhecimento e reconhecedores da importância da criação do novo.

BIBLIOGRAFIA

AMARAL, Afrânio. Evolução dos Institutos científicos. *Ensaios Paulistas*. São Paulo: Anhembi, 1958.

AMMANN, Safira Bezerra. *Avaliação & perspectiva*. Brasília: CNPq, 1983.

_____. Produção científica do Serviço Social no Brasil. *Serviço Social & Sociedade*. São Paulo: Cortez, n. 14, 1984.

ANDERY, Maria Amália et al. *Para compreender a ciência*. Rio de Janeiro: Espaço e Tempo, 1992.

ARANEDA, Luís D. et al. Metodos y tecnicas en Servicio Social. *Selecciones de Servicio Social*. Buenos Aires, Humanitas, v. 6, n. 20, 1973.

AZEVEDO, F. *As ciências no Brasil*. São Paulo: Melhoramentos, 1955. v. 2.

BAPTISTA, Myrian Veras. Introdução à reflexão sobre problemas da pesquisa histórica no Serviço Social. *Serviço Social & Sociedade*, São Paulo: Cortez, n. 39, 1992.

BAPTISTA, Myrian Veras; RODRIGUES, Maria Lúcia. A formação pós-graduada *stricto sensu* em Serviço Social: papel da pós-graduação na formação profissional e desenvolvimento do Serviço Social. *Cadernos ABESS*. São Paulo: Cortez, n. 5, 1992.

BARDIN, Laurence. *Análise de conteúdo*. Trad. de Luís Antero Reto e Augusto Pinheiro. Lisboa: Edições 70, 1977.

BARNAVE, Joseph. *Introduction à la Révolution Française*. Paris: Armand Colin, 1960.

BEARD, Charles A. Written History as an Act of Faith. *The American Historical Review*, v. XXXIX, n. 2, jan. 1934.

BERMUDO, José Manuel. *El concepto de praxis en el joven Marx*. Barcelona: Península, 1975.

BERNAL, Jonh D. *História social de la ciencia*. Trad. de Juan Ramon Capella. Barcelona: Península, 1979.

BERNSTEIN, Ricard J. *Praxis y acción*. Madri: Alianza Universidad, s/d.

BIATO, F. A. et al. *Potencial de pesquisa tecnológica no Brasil*. Brasília: Ipea, 1971.

BLAU, Virgínia Lopes. *Texto didático*: reflexão sobre análise de conteúdo e análise de discurso. Dissertação (Mestrado) — Pontifícia Universidade Católica, São Paulo, 1981.

BOBBIO, N. Dialética em Marx. *La evolución de la dialéctica*, s.n.t.

BONETTI, Dilséa Adeodata. *Produção do mestrado em Serviço Social da PUC-SP*: 1974-1987 uma análise. Tese (Doutorado em Serviço Social) — Pontifícia Universidade Católica, São Paulo, 1992.

BORDA, Orlando Fals. Por la praxis: el problema de como investigar la realidad para transformarla. *Serviço Social & Sociedade*, São Paulo: Cortez, n. 11, 1983.

BOSI, Ecléa. *Memória e sociedade*: lembranças de velhos. São Paulo: T. A. Queiroz, 1987.

BRANDÃO, Carlos Rodrigues. *Repensando a pesquisa participante*. São Paulo: Brasiliense, 1985.

BRAVERMAN, H. A divisão do trabalho. In: _____. *Trabalho e capitalismo monopolista*: a degradação do trabalho no século XX. Trad. de Nathanael C. Caixeiro. Rio de Janeiro: Guanabara, 1986.

CACCIOLA, Maria Lúcia M. O. *Schopenhauer e a questão do dogmatismo*. São Paulo: Edusp, 1994.

CALVINO, Ítalo. *Seis propostas para o próximo milênio*: lições americanas. São Paulo: Schwarcz, 1991.

CAPRA, F. Taoísmo e física moderna. In: CHRÉTIEN, Claude. *A ciência em ação*. Trad. de Maria Lúcia Pereira. Campinas: Papirus, 1994.

CARLO, Enrique. *El trabajo social*: teoria-metodologia-investigación. Buenos Aires: Ecro, 1976.

CASTORIADIS, Cornelius. *A experiência do movimento operário*. São Paulo: Brasiliense, 1985.

_____. *A instituição imaginária da sociedade*. Trad. de Guy Reynaud. Rio de Janeiro: Paz e Terra, 1991.

CASTRO, Manoel Manrique. *História do Serviço Social na América Latina*. São Paulo: Cortez, 1984. [4. ed., coed. Celats, 1993.]

CERQUEIRA FILHO, Gisálio. *A questão social no Brasil*: crítica do discurso político. Rio de Janeiro: Civilização Brasileira, 1982.

CHAGAS, Francisco Carlos. *Homens e coisas da ciência*. Rio de Janeiro: Universidade do Brasil, 1956.

CHAUI, Marilena de Souza. Os trabalhos da memória. In: _____. *Memória e sociedade*: lembranças de velhos. São Paulo: T. A. Queiroz, 1987.

_____. *Cultura e democracia*. São Paulo: Cortez, 1990. [6. ed., 1993.]

_____. *Conformismo e resistência*: aspectos da cultura popular no Brasil. São Paulo: Brasiliense, 1993.

CHIZZOTI, Antonio. O cotidiano e as pesquisas em educação. In: FAZENDA, Ivani (Org.). *Novos enfoques da pesquisa educacional*. 2. ed. São Paulo: Cortez, 1994.

CHRÉTIEN, Claude. *A ciência em ação*. Trad. de Maria Lúcia Pereira. Campinas: Papirus, 1994.

CONSELHO EPISCOPAL LATINO-AMERICANO (CELAM). Conclusões de Medellín sobre educação. *Cadernos da AEC do Brasil*: documentos da igreja sobre educação. Rio de Janeiro: AEC do Brasil, 1978.

CONSELHO NACIONAL DE DESENVOLVIMENTO CIENTÍFICO E TECNOLÓGICO (CNPq). *Avaliação e perspectivas*. Brasília, 1978.

CUNHA, Antônio Geraldo. *Dicionário etimológico da língua portuguesa*. Rio de Janeiro: Nova Fronteira, 1991.

DAL PRA, Mario. *La dialéctica en Marx*. Espanha: Martinez Roca, 1971.

DEMO, Pedro. *Pesquisa participante*: mito e realidade. Rio de Janeiro: Senac/DN de Planejamento/Coordenação de Pesquisa, 1984.

FALEIROS, Vicente de Paula. Alternativas metodológicas da pesquisa em Serviço Social. *Serviço Social & Sociedade*, São Paulo: Cortez, n. 21, 1986a.

_____. *O que é política social*. São Paulo: Brasiliense, 1986b.

_____. A questão da assistência social. *Serviço Social & Sociedade*. São Paulo: Cortez, n. 30, 1989.

_____. Avaliação e perspectivas da área de Serviço Social. *Serviço Social & Sociedade*. São Paulo: Cortez, n. 34, 1990.

_____. *A política social do Estado capitalista*: as funções da previdência e da assistência social. 6. ed. São Paulo: Cortez, 1991.

FAZENDA, Ivani. O trabalho docente como síntese interdisciplinar. In: FAZENDA, Ivani (Org.). *Práticas interdisciplinares na escola*. 2. ed. São Paulo: Cortez, 1993.

_____ (Org.). *Novos enfoques da pesquisa educacional*. 2. ed. São Paulo: Cortez, 1994.

FOUCAULT, Michel. *Vigiar e punir*: história da violência nas prisões. Trad. de Ligia M. Pondé Vassallo. Rio de Janeiro: Vozes, 1977.

GARAUDY, Roger. *Contribuição à teoria materialista do conhecimento*. Paris: PUF, 1953.

PESQUISA EM SERVIÇO SOCIAL 193

GARAUDY, Roger. *Para conhecer o pensamento de Hegel*. Porto Alegre: L&PM, 1983.

GORZ, André. *Crítica da divisão social do trabalho*. Trad. de Estela dos Santos Abreu. São Paulo: Martins Fontes, 1989.

GRACELLE, Aldemir; CASTRO, Cláudio de Moura. O desenvolvimento da pós-graduação no Brasil. In: *Universidade brasileira*: organização e problemas. São Paulo: SBPC, v. 36, jul. 1985. (Col. Ciência e Cultura, v. 7, supl.)

GRAMSCI, Antônio. *Os intelectuais e a organização da cultura*. Rio de Janeiro: Civilização Brasileira, 1979.

GREIMAS, A. J.; LANDOWSKI, E. *Análise do discurso em ciências sociais*. Trad. de Cidmar Teodoro Pais. São Paulo: Global, 1979.

HABERMAS, J. *Teoria e práxis*. Madri: Tecnos, 1987.

HAGUETTE, Teresa Maria Frota. *Metodologias qualitativas na sociologia*. Petrópolis: Vozes, 1980.

HAROCHE, Cl.; HENRY, P.; PÊCHEUX, M. La sémantique et la coupure saussurienne. *Langages*, Paris, Didier/Larousse, n. 24, 1971.

HEGEL, G. W. F. Lecciones sobre la filosofía de la historia universal. *Revista Occidente*, Madri, 1953.

_____. *Fenomenología del espíritu*. México: Fondo de Cultura Económica, 1987.

HOLZ, Vera Rosa. *Introducción a la investigación en Servicio Social profisional*. Buenos Aires: Humanitas, 1967.

HULL, L. W. H. *Historia y filosofía de la ciencia*. Barcelona: Ariel, 1984.

IAMAMOTO, Marilda Villela; CARVALHO, Raul de. *Relações sociais e Serviço Social no Brasil*: esboço de uma interpretação histórico-metodológica. São Paulo: Cortez/Celats, 1982. [9. ed., 1993.]

IAMAMOTO, Marilda Villela. *Renovação e conservadorismo no Serviço Social*: ensaios críticos. 2. ed. São Paulo: Cortez, 1992.

IAMAMOTO, Marilda V.; KARSCH, Úrsula M. S.; ARAÚJO, Jairo Mello de. Relatório avaliativo da área de pós-graduação em Serviço

Social (período: 1987/1989). *Serviço Social & Sociedade*. São Paulo: Cortez, n. 38, 1992.

IANNI, Octavio. *A ideia de Brasil moderno*. São Paulo: Brasiliense, 1992.

KALACH, Alexandre; VERAS, Renato P.; RAMOS, Luiz Roberto. O envelhecimento da população mundial: um desafio novo. *Revista Saúde Pública*, v. 21, n. 3, 1987.

KARSCH, Úrsula M. Simon. A produção acadêmica do assistente social: alguns pontos de vista sobre pesquisa. *Serviço Social & Sociedade*. São Paulo: Cortez, n. 28, 1988.

KOPNIN, P. V. *A dialética como lógica e teoria do conhecimento*. Rio de Janeiro: Civilização Brasileira, 1978.

KORSH, Karl. *Marxismo e filosofia*. Porto: Afrontamento, 1966.

KOSIK, Karel. *Dialética do concreto*. Trad. de Célia Neves e Alberico Toríbio. Rio de Janeiro: Paz e Terra, 1989.

LAINO, André. A interdisciplinaridade da pesquisa. *Serviço Social & Sociedade*. São Paulo: Cortez, n. 21, 1986.

LALANDE, André. *Vocabulário técnico e crítico da filosofia*. São Paulo: Martins Fontes, 1993.

LANGEVIN, J. As condições da pesquisa científica e o marxismo. *Cahiers du Centre d'Études Socialistes*, Edi, 11, nov. 1961.

LAVRAS, Alba A. C. Carreira de pesquisador científico para os institutos de pesquisa do Estado de São Paulo. In: SIMPÓSIO ANUAL DA ACADEMIA DE CIÊNCIAS DO ESTADO DE SÃO PAULO, 1., *Anais...*, São Paulo, Aciesp, 1976.

LEFEBVRE, Henri. Mimese e práxis. In: _____. *Metafilosofia*. Rio de Janeiro: Civilização Brasileira, 1967.

_____. Estrutura social: a reprodução das relações sociais. In: FORACCHI, M. M.; MARTINS. *Sociologia e sociedade*: leitura de introdução à sociologia. Rio de Janeiro: Livros Técnicos e Científicos, 1977.

LEFEBVRE, Henri. A práxis. In: _____. *Sociologia de Marx*. Rio de Janeiro: Forense Universitária, 1979.

_____. *Lógica formal/lógica dialética*. Rio de Janeiro: Civilização Brasileira, 1983.

LÖWY, Michael. *As aventuras de Karl Marx contra o Barão de Münchhausen*: marxismo e positivismo na sociologia do conhecimento. São Paulo: Busca Vida, 1990. [5. ed. revista, São Paulo: Cortez, 1994.]

LUCKESI, Cipriano et al. *Fazer universidade*: uma proposta metodológica. 6. ed. São Paulo: Cortez, 1991.

LUKÁCS, György. *História e consciência de classe*. Porto: Escorpião, 1974.

_____. *Ontologia do ser social*: os princípios fundamentais de Marx. Trad. de Carlos Nelson Coutinho. São Paulo: Ciências Humanas, 1979.

MANNHEIM, Karl. *Ideologie und utopie*. Frankfurt: Main, 1952.

MARTINELLI, Maria Lúcia. *Serviço Social*: identidade e alienação. São Paulo: Cortez, 1989. [2. ed., 1990.]

_____. Notas sobre mediações: alguns elementos para sistematização da reflexão sobre o tema. *Serviço Social & Sociedade*. São Paulo: Cortez, n. 43, 1993.

MARX, Karl. *Crítica de la filosofía del Estado de Hegel*. México: Grijalbo, 1968.

_____. *O capital*: crítica da Economia Política. Rio de Janeiro: Civilização Brasileira, 1980. Livro 1, v. I.

_____. *El capital*. Trad. de Wenceslao Roces. México: Fondo de Cultura Económica, 1946-47. t. III.

_____. *O Dezoito Brumário de Louis Bonaparte*. São Paulo: Moraes, 1987.

_____. *A miséria da filosofia*. São Paulo: Global, 1989.

_____. *Manifesto do Partido Comunista*. Lisboa: Avante, 1975.

MARX, Karl; ENGELS, Friedrich. *A ideologia alemã*. São Paulo: Grijalbo, 1977.

MONTOYAMA, Mário Guimarães Ferri Schoso. *História das ciências no Brasil*. São Paulo: EPU/Edusp, 1980.

MOREL, Regina M. M. *Ciência e Estado*: a política científica no Brasil. São Paulo: T. A. Queiroz, 1979.

NETTO, José Paulo. A propósito da crítica de 1843. *Nova Escrita Ensaio*. São Paulo, ano V, 1983.

_____. *Ditadura e Serviço Social*: uma análise do Serviço Social no Brasil pós-64. São Paulo: Cortez, 1991. [2. ed., 1994.]

_____. *Capitalismo monopolista e Serviço Social*. São Paulo: Cortez, 1992.

OLIVEIRA, Francisco de. *O elo perdido*: classe e identidade de classe. São Paulo: Brasiliense, 1987.

OLIVEIRA, Raimunda N. Cruz. A mediação na prática profissional do assistente social. *Serviço Social & Sociedade*. São Paulo: Cortez, n. 26, 1988.

PÊCHEUX, M.; FUCHS, M. Mises au point et perspectives à propos de l'analyse automatique du discours. *Langages*, Paris, Didier/Larousse, n. 37, 1975.

PEREIRA, Potyara A. P. Abordagem da pesquisa em Serviço Social. *Serviço Social & Sociedade*. São Paulo: Cortez, n. 21, 1986.

PINTO, Ildete Oliveira. *O livro*; manual de preparação e revisão. São Paulo: Ática, 1993.

PINTO, João Bosco. A pesquisa e a construção da teoria do Serviço Social. *Serviço Social & Sociedade*. São Paulo: Cortez, n. 21, 1986.

PONTES, Reinaldo Nobre. A propósito da categoria de mediação. *Serviço Social & Sociedade*. São Paulo: Cortez, n. 31, 1989.

QUEIROZ, Maria Isaura Pereira de. O pesquisador, o problema da pesquisa, a escolha de técnicas: algumas reflexões. In: _____. *Reflexões sobre a pesquisa sociológica*. São Paulo: Ceru, 1992, (Col. Textos, v. 3.)

SADER, Eder. *Quando novos personagens entraram em cena*: experiências e lutas dos trabalhadores da Grande São Paulo 1970-1980. São Paulo: Paz e Terra, 1991.

SANTANNA, Flávia Maria. Aplicabilidade da análise de conteúdo à pesquisa educacional. In: _____. *Educação e realidade*, Porto Alegre, v. 4, n. 1, 1979.

SANTO AGOSTINHO. De magistro. In: *Santo Agostinho*. São Paulo: Abril Cultural, 1973. (Col. Os Pensadores.)

SANTOS, Boaventura de Sousa. *Um discurso sobre as ciências*. Porto: Afrontamento, 1991.

SANTOS, Leila Lima. *La investigación-acción*: un viaje dicotómico. Peru: Celats, 1983.

SARTRE, Jean-Paul. *Questão de método*. São Paulo: Difel, 1979.

SAVIANI, Dermeval. *Escola e democracia*. São Paulo: Cortez/Autores Associados, 1986.

_____. *Educação*: do senso comum à consciência filosófica. Campinas: Autores Associados, 1992.

SEPLAN/CNPq. *Ação programada em ciências e tecnologia*: desenvolvimento científico e formação de recursos humanos. Brasília: Coordenação Editorial Brasília, 1984.

SETUBAL, Aglair Alencar. Do sincretismo da prática à prática sem sincretismo. *Serviço Social & Sociedade*. São Paulo: Cortez, n. 43, 1993.

_____. A chegada que é partida. In: _____. *Repensar para quê?* Memorial apresentado à Pontifícia Universidade Católica como exigência acadêmica para qualificação. São Paulo, 1993.

_____. *Construindo o objeto de investigação*. Trabalho apresentado à disciplina Processo de construção do conhecimento. São Paulo: Pontifícia Universidade Católica, jun. 1994. (Texto digitado.)

_____. Análise de conteúdo; suas implicações nos estudos das comunicações. *Caderno do Núcleo de Estudos e Pesquisa sobre Identidade*, Pontifícia Universidade Católica, São Paulo, n. 1, jan. 1995.

SEVERINO, Antonio Joaquim. Problemas e dificuldades na condução da pesquisa no Curso de Pós-Graduação. In: Ivani FAZENDA (Org.). *Novos enfoques da pesquisa educacional*. 2. ed. São Paulo: Cortez, 1994.

SEVERINO, Antonio Joaquim. O compromisso da pós-graduação em Educação com o conhecimento e com a prática na formação do professor. In: _____. *Repensando a pós-graduação em Educação*. Piracicaba: Unimep, 1993.

_____. Processo e produto do trabalho científico: falando de teses e dissertações. In: _____. *Repensando a pós-graduação em Educação*. Piracicaba: Unimep, 1993.

SCHAFF, Adam. *O marxismo e o indivíduo*. Trad. de Heidrun Mendes da Silva. Rio de Janeiro: Civilização Brasileira, 1967.

_____. *História e verdade*. Trad. de Maria Paula Duarte. São Paulo: Martins Fontes, 1991.

SCHUHLY, Gunter. Prolegômenos à pesquisa em Serviço Social. In: _____. *Introdução à pesquisa em Ciências Sociais*. Rio de Janeiro: Pontifícia Universidade Católica, 1982.

SPINK, Mary Jane (Org.). *O conhecimento no cotidiano*: as representações sociais na perspectiva da psicologia social. São Paulo: Brasiliense, 1993.

SPOSATI, Aldaíza. *Assistência social no Brasil: carta-tema 1983-1990*. São Paulo: Cortez, 1991.

_____ et al. *A assistência na trajetória das políticas sociais brasileiras*: uma questão de análise. 5. ed. São Paulo: Cortez, 1992.

SUCUPIRA, Newton. *A condição atual da universidade e a reforma universitária brasileira*. Brasília: MEC, 1972.

TEIXEIRA, Anísio. *Educação no Brasil*. São Paulo: Nacional, 1969.

THIOLLENT, Michel. *Crítica metodológica*: investigação social e enquete operária. São Paulo: Polis, 1980.

_____. Notas para o debate sobre a pesquisa-ação. *Serviço Social & Sociedade*. São Paulo: Cortez, n. 10, 1982.

THIOLLENT, Michel. *Metodologia da pesquisa-ação*. São Paulo: Cortez, 1988.

THOMPSON, E. P. *A miséria da teoria ou um planetário de erros*: uma crítica ao pensamento de Althusser. Trad. de Waltensir Dutra. Rio de Janeiro: Zahar, 1981.

_____. *A formação da classe operária inglesa*: a maldição de Adão. Trad. de Renato Busatto Neto e Cláudia Rocha de Almeida. Rio de Janeiro: Paz e Terra, 1988. v. II.

VÁZQUEZ, Adolfo Sánchez. *Filosofia da práxis*. Trad. de Luiz Fernando Cardoso. Rio de Janeiro: Civilização Brasileira, 1968.

VIGETTI, Angela T. *Investigación en Servicio Social*. Buenos Aires: Humanitas, 1977.

VILA NOVA, Sebastião. *Ciência social*: humanismo ou técnica? Rio de Janeiro: Vozes, 1985.

VILLALOBOS, André et al. *Classes sociais e trabalho produtivo*. Rio de Janeiro: Paz e Terra, 1978.

WEIL, Simone. *A condição operária e outros estudos sobre a opressão*. Trad. de Teresina G. G. Langlada. Rio de Janeiro: Paz e Terra, 1979.

YAZBEK, Maria Carmelita. *Classes subalternas e assistência social*. São Paulo: Cortez, 1993.